Gunther Herr (Hg.)

Die Unlogik der Innovation

Gunther Herr (Hg.)

Die Unlogik der Innovation

Wie Sie durch Widersprüche Leadership meistern

Frankfurter Allgemeine Buch

Bibliografische Information der Deutschen Nationalbibliothek
Die Deutsche Nationalbibliothek verzeichnet diese Publikation
in der Deutschen Nationalbibliografie; detaillierte bibliografische
Daten sind im Internet über http://dnb.d-nb.de abrufbar.

Gunther Herr (Hg.)
Die Unlogik der Innovation
Wie Sie durch Widersprüche Leadership meistern

FAZIT Communication GmbH
Frankenallee 71–81
60327 Frankfurt am Main
Geschäftsführung: Peter Hintereder, Hannes Ludwig

1. Auflage
Frankfurt am Main 2017

ISBN 978-3-95601-230-3

Frankfurter Allgemeine Buch

Copyright	FAZIT Communication GmbH
	Frankenallee 71–81
	60327 Frankfurt am Main
Umschlag	Julia Desch, Frankfurt am Main
	Was das „Nikolaus Haus" mit innovativen Paradigmenwechsel zu tun hat, wird auf Seite 76 aufgelöst.
Satz	Uwe Adam, Adam-Grafik, 63579 Freigericht
Druck	Westermann Druck Zwickau GmbH

Alle Rechte, auch die des auszugsweisen Nachdrucks, vorbehalten.

Printed in Germany

Hansjürgen Linde

1944–2011

unserem

Gründer,

Vordenker,

Innovator,

Vorbild und

Inspirator

Inhalt

	Autoren	8
	Vorwort	11
1	Einleitung – Ein Tag im Leben eines Business-Developers	13
2	**Der Denkrahmen der westlichen Welt**	17
	2.1 Neue Herausforderungen	17
	2.2 Ursprung und Muster unserer Entscheidungsbasis	20
	2.3 Historischer Rückblick zum mechanistischen Denkrahmen	23
	2.4 Logik vs. Dialektik	29
	2.5 Die Entwicklung der Olympia-Werke	31
	2.6 Zukunftsfähigkeit erfordert Innomorphose als Kernprozess im Unternehmen	40
	Take away	44
3	**Wie orientieren?**	47
	3.1 Perspektivenausweitung durch interdisziplinären Diskurs	48
	3.2 Das Spannungsfeld traditionserhaltender Erneuerung	50
	3.3 Mit Abstraktion und Intuition Zukunftsbilder entwickeln	53
	3.4 Von der Zukunft aus rückwärts entwickeln	56
	Take away	60
4	**Wie inspirieren?**	63
	4.1 Radikale Innovation fordert Bewertungskriterien jenseits der Branchenlogik	66
	4.2 Widerspruchslösungen verschieben Leistungsgrenzen	74
	4.3 WOIS-Innovationsentwicklungsprozess bei Hilti	81
	4.4 Trends vs. Muster der Höherentwicklung	85
	Take away	94
5	**Wie Transformationsprozesse gestalten?**	97
	5.1 Qualität statt Quantität in den frühen Phasen	98
	5.2 Analytische Kreativität zur Erschließung neuer Freiheitsgrade	100
	5.3 Der Prozess der aufweitenden Fokussierung	100
	5.4 Der Kulturwandel der Firma ERFURT & SOHN	103
	Take away	106
6	**Wie Innomorphose vorantreiben?**	109
	6.1 Strategische Lücke auf dem Weg in die Zukunft	110
	6.2 Synergie zwischen Know-how und Know-why	116

	6.3 Kontinuierliche Transformation als Kernprozess des Unternehmens	119
	6.4 Erfolgsmuster der Innovation bei VIKING	123
	Take away	126

7 WOIS-Kernelemente 129
    7.1 Herausforderung des industriellen Wandels 129
    7.2 Wie orientieren? Durch Innovationsphilosophie 134
    7.3 Wie inspirieren? Durch Innovationskultur 139
    7.4 Wie transformieren? Durch Innovationsprozess 141
    7.5 Wie Zukunft ausgestalten? Durch Innovationsstrategie 149

Endnoten 154

Literaturverzeichnis 157

Autoren

Dr. Gunther Herr

Gunther Herr ist Absolvent der Hochschule Coburg und der Universität von Huddersfield, England. Er promovierte als Mitarbeiter des Innovationsmanagements bei BMW, bevor er 2000 Partner des WOIS Institutes für Innovationsforschung und Unternehmensentwicklung Coburg wurde. Zur Kernkompetenz des WOIS Institutes gehört es, mit Experten deren potentialreichste Entwicklungsbarrieren herauszuarbeiten und mit strategischen Orientierungsmitteln neue Perspektiven zur Lösung dieser Barrieren zu entwickeln und umzusetzen.

Gunther Herr ist für die Vertiefungsrichtung „Strategic Innovation" des Executive MBA der Steinbeis-Hochschule Berlin verantwortlich. Er hat Lehraufträge an der Universität in Prag und der Hochschule Coburg. Er ist stellvertretender Beiratsvorsitzender des Innovationszentrums Kronach und Wissenschaftlicher Beirat des Dieselmedaillen-Kuratoriums, das u.a. die Schriftenreihe „Innovation Management Support" publiziert.

Arthur Gergert

Arthur Gergert studierte Maschinenbau mit dem Schwerpunkt innovative Produktentwicklung an der Hochschule Coburg und Business Management an der FAU Erlangen-Nürnberg. Seit 2010 berät er als Partner des WOIS Institutes für Innovationsforschung und Unternehmensentwicklung Unternehmen bei der Entwicklung und Umsetzung von strategischen Innovationsroadmaps.

Matthias Gradl

Matthias Gradl, Jahrgang 1970, absolvierte sein Maschinenbaustudium zum Dipl.-Ing. (FH) mit dem Schwerpunkt innovative Produktentwicklung an der Hochschule Coburg. Seit 1999 berät er als Partner des WOIS Institutes für Innovationsforschung und Unternehmensentwicklung internationale Konzerne und Mittelständler unterschiedlicher Branchen bei der Entwicklung und Umsetzung von Innovationsstrategien zur Unternehmensausrichtung. Er ist Co-Autor diverser Veröffentlichungen in diesem Themengebiet. 2011 absolvierte er seinen Master of Business Administration an der Steinbeis-Hochschule Berlin, der DePaul University Chicago und der Kelley School of Business der University of Indiana.

Michael Lechner

Michael Lechner, Jahrgang 1971, studierte Maschinenbau mit dem Schwerpunkt Produktentwicklung an der Hochschule Coburg. Nach dem Abschluss als Dipl.-Ing. (FH) im Jahr 1999 wurde er Partner des WOIS Institutes für Innovationsforschung und Unternehmensentwicklung in Coburg. Seit dieser Zeit ist er Berater in zahlreichen Projekten für internationale Unternehmen und in unterschiedlichen Branchen, um Innovationsprozesse im Bereich der strategischen Unternehmensausrichtung sowie der Produkt- und Prozessentwicklung zu treiben. Er ist Mitautor diverser Veröffentlichungen. 2015 absolvierte er seinen Master of Business Administration an der Steinbeis-Hochschule Berlin, der DePaul University Chicago und an der Kelley School of Business der University of Indiana.

Uwe Neumann

Uwe Neumann, Jahrgang 1967, ist Dipl.-Ing. (FH) Maschinenbau, besitzt einen MBA und arbeitet als selbständiger WOIS-Innovationsberater und Projekttreiber bei Geschäftsmodell-, Unternehmens- und Produktentwicklungen. 1991 war er einer der Mitgründer des WOIS Institutes für Innovationsforschung und Unternehmensentwicklung. Er ist immer wieder auf dem Weg in die Zukunft und beschäftigt sich mit Innovationsforschung und der Entwicklung von Neuem. Als Leiter für Innovationsprojekte ist er seit über 25 Jahren verantwortlich für die Vorbereitung und Durchführung von Innovationsworkshops und die Implementierung neuer Lösungen.

André Nijmeh

André Nijmeh studierte Maschinenbau mit dem Schwerpunkt innovative Produktentwicklung an der Hochschule Coburg und schloss sein MBA-Studium an der FAU Erlangen-Nürnberg ab. Seit 2009 berät er als Partner des WOIS Institutes für Innovationsforschung und Unternehmensentwicklung Konzerne und Mittelständler bei der Entwicklung und Umsetzung von Innovationsstrategien. Er ist Mitautor diverser Veröffentlichungen in diesem Themengebiet.

Daniel Reinhart

Daniel Reinhart studierte Maschinenbau mit dem Schwerpunkt innovative Produktentwicklung an der Hochschule Coburg. Nach dem Abschluss als Dipl.-Ing. (FH) im Jahr 2011 wurde er Partner des WOIS Institutes für Innovationsforschung und Unternehmensentwicklung in Coburg. Seitdem berät er Unternehmen aus unterschiedlichen Branchen im Bereich der Produkt-, Prozess- und Geschäftsmodellinnovation. Seit 2016 studiert er berufsbegleitend den interdisziplinären Masterstudiengang Zukunftsdesign an der Hochschule Coburg.

Matthias Schäfer

Matthias Schäfer, Jahrgang 1972, studierte Maschinenbau mit dem Schwerpunkt Produktentwicklung an der Hochschule Coburg. Nach dem Abschluss als Dipl.-Ing. (FH) im Jahr 1999 wurde er Partner des WOIS Institutes für Innovationsforschung und Unternehmensentwicklung in Coburg. Seit dieser Zeit ist er Innovationsberater in zahlreichen Projekten für Unternehmen unterschiedlichster Branchen. Die Leistung liegt dabei in der proaktiven Gestaltung von Innovationsprozessen zur strategischen Unternehmensausrichtung sowie der Produkt- und Prozessentwicklung. 2015 absolvierte er seinen Master of Business Administration an der Steinbeis-Hochschule Berlin, der DePaul University Chicago und der Kelley School of Business der University of Indiana. Er ist Miterfinder zahlreicher nationaler und internationaler Patente.

Vorwort

„Die Unlogik der Innovation" ist die Zusammenführung von Jahren wissenschaftlicher Arbeit, verbunden mit intensivem, praktischem Erfahrungswissen aus zahlreichen Projekten unterschiedlichster Bereiche der Wirtschaft. In den vergangenen Jahren haben mit „New Business Development", „disruptiven Innovationen", der Neuinterpretation von Geschäftsmodellen und der globalen Digitalisierung Entwicklungen eingesetzt, die für das Industriezeitalter eine Revolution bedeuten. Veränderung stellt in diesem Kontext eine Bedrohung dar. Es halten Mechanismen in Geschäftsmodelle Einzug, die noch vor kurzer Zeit undenkbar erschienen. Nichtlineares Wachstum wird generell durch die Nutzung neuer Freiheitsgrade ermöglicht. Bei allem Wandel und aller Erneuerung zeigt sich, dass die Entwicklung trotzdem auf abstrakten Mustern der Höherentwicklung aufbaut, die sich als beständig erweisen. Die fundamentalen Muster werden in diesem Buch diskutiert und mit konkreten Beispielen online untermauert. Die Intention von „Die Unlogik der Innovation" ist es wachzurütteln. Auf Logik aufbauende Strategien waren im Zeitalter der Industrialisierung der Garant für stabiles Wachstum und verteidigbare Wettbewerbspositionen. In der heutigen Zeit reicht das nicht mehr aus.

Heute stellt sich die Frage: „Arbeiten Sie bereits an Entwicklungen, die Ihr bestehendes Geschäftsmodell maximal gefährden?" Innovative Ansätze brechen mit bisherigen Regeln und schaffen so neue Freiheitsgrade jenseits der Logik. Heute noch Unvorstellbares zu realisieren ist das, was Wettbewerbserfolge in Zukunft auszeichnet. Dafür benötigen wir eine Geisteshaltung und neue Denkansätze, die Widersprüche zur Inspirationsquelle machen. Synthesen zu bilden ist die zentrale Herausforderung, die mit Widerspruchsdenken gelöst werden kann. Klassisch logisches Vorgehen in Form von Kompromisslösungen kann das nicht leisten. Denn jeder Kompromiss bleibt ein fauler Kompromiss. In immer unschärferen und diffusen Umfeldern benötigen wir Argumentations- und Prognosesicherheit. Agiles Handeln wird durch wissenschaftlich begründete Orientierungsmittel in Zeiten nichtlinearen Wandels gefördert. Diese dienen weiterhin als Inspirationsquelle für neue Entwicklungsrichtungen jenseits bestehender Denkbarrieren. Die Entfaltung einer unlogisch-widerspruchsorientierten Denkweise im strukturierten WOIS-Prozess (WOIS = Widerspruchsorientierte Innovationsstrategie) schafft den kreativen Freiraum zur Gestaltung neuer Ansätze. Dieser Freiraum kann nur dann entstehen, wenn die Geisteshaltung der beteiligten Personen die gegenseitige Inspiration zulässt. Damit ist das Buch für jeden Leser eine Anregung, die eigenen Sichtweisen und Überzeugungen zu hinterfragen.

Das Buch fasst das Wissen und die Erfahrung von Jahrzehnten Forschung und Projektarbeit unseres WOIS Institutes zusammen. Ohne die tatkräftige Unterstützung zahlreicher Beteiligter wäre dieses Buchprojekt nicht entstanden. Vorab und an erster Stelle der Dank an die jahrelange Inspiration durch die persönliche Zusammenarbeit mit unserem Gründer Prof. Dr.-Ing. Hansjürgen Linde. Er hat den Lebensweg des gesamten Teams maßgeblich beeinflusst. Vielen Dank für die wissenschaftliche Unterstützung bei der Entwicklung unserer Modelle an meinen Freund und Kollegen Em. O. Univ.-Prof. Dr. Herbert Pietschmann von der Fakultät für Physik an der Universität Wien. Er hat durch seine historische Reflektion der Widerspruchstheorie über die vergangenen Jahre intensiv unsere Entwicklungen untermauert. Gleichzeitig gilt unser

Dank Prof. Dr. med. habil. Werner Schunk, der mit seinen Erkenntnissen zu Stoffwechselkreisläufen von Organismen die ingenieursmäßige Sicht der Systemtheorie in unserer Zusammenarbeit auf ein neues Niveau gehoben hat.

Zwar gibt es nichts Praktischeres als eine gute Theorie — doch ohne Praxisbeispiele fehlt die Relevanz. Frei nach Immanuel Kant: Bilder ohne Worte sind leer — Worte ohne Bilder sind inhaltsfrei. Daher ein besonderer Dank an alle beteiligten Unternehmen, die uns freundlicherweise die Freigabe erteilt haben, die im Buch und im Online-Bereich dargestellten Beispiele zu veröffentlichen. Vielen Dank an die Unternehmen Dahle, ERFURT & SOHN, Hilti, SCHOTT, STIHL und Vorwerk und diejenigen, mit denen wir an weiteren praktischen Beispielen im Rahmen der Online-Präsenz arbeiten.

Für die Unterstützung bei der Illustration des Buches gilt unser Dank unserem ehemaligen Kollegen Andreas Rehklau aus Graz und Andreas Fischer von der Agentur medienreaktor® aus Bamberg.

Mein persönlicher Dank gilt vor allem den Co-Autoren und Partnern des WOIS Institutes, Arthur Gergert, Matthias Gradl, Michael Lechner, Uwe Neumann, André Nijmeh, Daniel Reinhart und Matthias Schäfer, ohne deren Engagement, Erfahrungen und Kreativität „Die Unlogik der Innovation" so nicht entstanden wäre.

Dr. Gunther Herr

1 Einleitung

Ein Tag im Leben eines Business-Developers

Mr. Logic ist vor zehn Jahren, nachdem er seit seinem BWL-Studium bei drei anderen Unternehmen Erfolge erarbeitet hatte, dort angekommen, wo er immer hinwollte. Es war schon lange sein Traumziel: Er wollte im Management bei der Dream AG arbeiten. Im vergangenen Jahr wurde dort eine neue Stelle für „Geschäftsmodell-Entwicklung" geschaffen. Mit seinem Erfahrungshorizont hatte er offenbar die besten Voraussetzungen, um diese Stelle zu übernehmen. Zu seiner Freude war die neue Stelle mit einer ordentlichen Gehaltserhöhung verbunden. So konnte sich die Familie einen Traum erfüllen: die lang ersehnte, zweimonatige Amerikareise, einmal mit seiner Frau und den zwei Kindern quer durch die Vereinigten Staaten. Aber nun ist auch diese Auszeit vorbei. Heute geht es wieder im Unternehmen los. Mit gemischten Gefühlen betritt Mr. Logic sein Büro. Seine Assistentin hatte es bereits angekündigt: In der Zeit, als er weg war, hat sich einiges aufgestaut. Auf dem Weg durch die Firma in sein Büro hat er es schon gespürt: Es weht ein anderer Wind als noch vor acht Wochen. Obwohl er eine Stunde früher gekommen ist, stellt er schnell fest: Die Aufgabenflut wird er nicht allein abarbeiten können. Und dann heftet da auch noch dieser Notizzettel von seinem Chef am Monitor: „Heute, 10:00 Uhr DRINGEND! – Sondersitzung der Führungsrunde: 1.) kurzfristige Maßnahmen zur Umsatzstabilisierung, 2.) Strategische Neuausrichtung".

War es wirklich eine gute Idee, acht Wochen Auszeit zu nehmen? Mr. Logic blättert durch die Unterlagen. Was ist das: Hier steht, dass die junge Firma, die im vergangenen Jahr in den Markt eingestiegen ist, mit zweistelligen Wachstumsraten die eigenen Schlüsselkunden angreift. Das kann doch nicht sein! Die Geschäftsbeziehung läuft doch seit zehn Jahren in geregelten Bahnen. Mr. Logic ruft bei seinem Kollegen an. Er ist sein Vertrauter im Vertrieb, der bestimmt eine plausible Erklärung hat. Doch was ist das? Sein Kollege ist gegangen? Im neuesten Organigramm stellt er fest, dass dessen Stelle aufgeteilt worden ist. Mr. Logic wird es unwohl. Wie soll er in den verbleibenden drei Stunden bis zur Sitzung an die notwendigen Daten kommen? Er gräbt sich in die aktuellen Auswertungen. Wenigstens auf seine Assistentin ist Verlass. Sie hat schon einmal eine Mappe mit den wichtigsten Neuigkeiten vorbereitet.

Auf den ersten Blick ist klar: Es gibt einiges zu organisieren, um die KPIs für das laufende Quartal noch zu erfüllen. Die Entwicklung der vergangenen zwei Wochen stimmt nicht zuversichtlich. Nochmal schnell einen Blick auf das, was der Chef Dr. Urgent zur Sondersitzung geschrieben hat. Wie ist das zu verstehen? Einerseits zeigen die Zahlen eindeutig, dass die aktuellen Ziele nicht erreicht werden können. Dennoch zeigt die Präsentation von Dr. Urgent auf dem Laufwerk, dass er trotzdem ein Kommittent zu Marktanteilsausweitungen und Neukundengewinnung fordert. Das ist doch unrealistisch! Gut, dass Mr. Logic noch zwei Stunden bleiben, um sich auf diese Diskussion vorzubereiten. Mit all seiner Lebenserfahrung gelingt es ihm, aus den Unternehmensdaten die Art von Marktanalysen herauszuziehen, mit denen er sich schon immer Klarheit verschaffen konnte. Mr. Logic ist erschüttert. Gerade in den Märkten, in denen die Dream AG eine scheinbar unangreifbare Position innehatte, gibt es signifikante Einbrüche. Die bisherigen Alleinstellungsmerkmale greifen nicht mehr. Der Neueinsteiger hat also nicht am Rande des Geschäfts angegriffen, sondern direkt im Kernmarkt. Mr. Logic weiß sofort, dass ohne grundlegenden Wandel die Zukunft auf dem Spiel steht, und er möchte unbedingt mit einem positiven Signal in der Sondersitzung punkten. Gut, dass er gut vernetzt ist und sich in der Regel auf seinen Freund verlassen kann, der in der Nachbarbranche beim führenden Unternehmen als Business-Developer tätig ist. Gemeinsam werden sie bestimmt eine Lösung finden. Die Neuigkeiten seines Freundes sind jedoch alles andere als erfreulich. Als Zulieferer in die vom Neueinsteiger bearbeiteten Märkte sind die Entwicklungen noch tiefgreifender als bei der Dream AG. Das Unternehmen fährt seit sechs Wochen ein Notprogramm. Als Mr. Logic nach Amerika geflogen ist, gab es zwar schwache Signale. Dass hieraus jedoch in kurzer Zeit ein Erdbeben werden würde, hatte niemand erwartet. Bei Mr. Logic werden Erinnerungen an seine Urlaubslektüre wach. In den Magazinen hat er neue Vokabeln gelesen. Da schrieben Experten vom „Ausheben von dominierenden Branchenlogiken" und von „disruptiven Geschäftsmodellen". Ist es das, was so unvermittelt bei der Dream AG passiert? Er fragt sich: Sind wir genau davon betroffen? Die Signale deuten jedenfalls in die Richtung. Das ist also der Hintergrund für das Meeting in einer Stunde?

Mr. Logic denkt nach. Aus der Sicht von heute dürfte es unmöglich sein, alle Punkte auf der Agenda gleichzeitig zu lösen. Die klassischen Herangehensweisen führen immer nur zu unbefriedigenden Kompromissen, die vielleicht kurzzeitig gefeiert werden, sich über bald als der kleinste gemeinsame Nenner entpuppen. Echte Widersprüche tun sich auf: Die Analysen zeigen eindeutig, dass für die Erhöhung des Marktanteils die Preise gesenkt werden müssten – und zwar unter das Preisniveau des Neueinsteigers. Doch um die Investitionen nicht dramatisch kürzen zu wollen, müssten eigentlich die Preise um zehn Prozent erhöht werden. Noch vor dem Urlaub schien das auch noch realistisch. Die neue Produktlinie war so vielversprechend gestartet, erinnert sich Mr. Logic. Aber es hilft alles nichts. Die Sitzung beginnt. Die Firma wird wohl einen Prozess starten müssen, bei dem die Logik des Geschäftsmodells grundlegend hinterfragt wird. Es müssen neue Kriterien und neue Wettbewerbsregeln gefunden werden, um neue Stärke entwickeln zu können. Wie soll das nur gehen? Eines ist klar: Der bisherige Weg des „Mehr für Mehr" führt in absehbarer Zeit in eine Sackgasse. Das funktioniert so nicht mehr. Es braucht neue Freiheitsgrade!

Beispiel: SCHOTT AG

Intension des Business Developments ist es dafür zu sorgen strategisch diejenigen Freiheitsgrade zu antizipieren, die neue Geschäftspotentiale bergen. Damit aber nicht genug. Darüberhinaus ist es die Verantwortung des Business Developers die Brücke von den heutigen Erfolgen hin zu zukünftigen Wachstumsfeldern zu bauen. SCHOTT ist dies vor Jahren mit der Entwicklung von Ceran-Kochfeldern gelungen, mit denen das Kochen revolutioniert wurde. Das einzig Konstante aus Sicht des Business Developments ist die Konfrontation mit dem kontinuierlichen Wandel.

Die Herausforderung besteht darin, eine nachhaltige strategische Anpassung voranzutreiben, also neue Geschäftsfelder auf Basis der Unternehmens-DNA zu erschließen. Hinter dieser Transformation steht das wiederkehrende Muster, heute scheinbar Unerreichbares mit den bestehenden Erfolgsfaktoren neu zu verknüpfen. Nachhaltige Zukunftsgestaltung meistert den Übergang von Erfolgsfaktoren des aktuellen Geschäftsmodells hin zu zukunftsweisenden Erfolgspotentialen. Die innovative Erfüllung zukünftiger Bedarfe ist aus unserer Sicht mit dem Durchbruch bestehender Branchenlogiken verbunden.

Gestalter moderner Produkte wünschen sich freiformbare interaktive Oberflächen. Glasoberflächen bieten den Vorteil, auch unter widrigsten Umständen hygienisch rein gehalten werden zu können. In der Vergangenheit stand dem Einsatz von Glas in diesen Anwendungen jedoch dessen Zerbrechlichkeit im Wege. Dieser Logik folgend ist der Einsatz für innovative Bedienpanels undenkbar. Setzen sich jedoch Material- und Prozessexperten über diese Denkbarriere hinweg, zeigt Glas bisher nicht gekannte Eigenschaften. Ultradünnes Glas von SCHOTT bietet den Stoff, um zukünftige Smartphones biegsam gestalten zu können ohne dass dabei Display, Kamera, Chip und Akku brechen, siehe Abbildung 1. Es ist so dünn wie ein menschliches Haar, gleichzeitig extrem stabil, besonders biegsam und aufgrund seiner Sensitivität als Abdeckung für biegsame Touchoberflächen und als Träger- oder Trennmaterial für elektronische Komponenten prädestiniert.

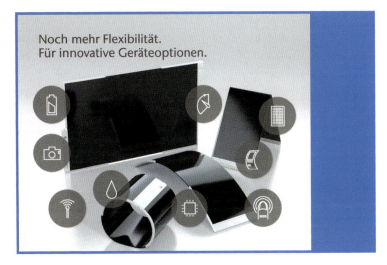

Abbildung 1: Ultradünnes Glas von SCHOTT *Quelle: SCHOTT AG*

Sowie es Mr. Logic in seiner Rolle des Business-Developers ergangen ist, so stellt sich in einer Vielzahl von Unternehmen, die sich mit grundlegendem Wandel konfrontiert sehen, die Herausforderung vergleichbar dar, siehe Beispiel SCHOTT. Widersprüche im Geschäftsmodell sind allgegenwärtig und bergen großes Zukunftspotential. Die heute dominierende Logik lässt das Wachstum an seine Grenzen stoßen. Selbst mit der besten Logik bleibt man in den bestehenden Erfolgspfaden gefangen und kann nur inkrementelle Evolution erzielen (siehe Abbildung 2). Wer jedoch nach Zukunftsfähigkeit in einem Umfeld erhöhter Veränderungsgeschwindigkeit strebt, dem stellen sich Herausforderungen, die durch klassisch logisches Vorgehen nicht bewältigt werden können. Es stellt sich die Frage, mit welchem Vorgehen systematisch Treppenstufen der Höherentwicklung hin zur disruptiven Revolution genommen werden können? Die widerspruchsorientierte Konfrontation von radikalen Veränderungen in der Welt mit den etablierten Geschäftsmodellpraktiken fordert hier eine andere Denkweise. Diese analytische Kreativität ist gekennzeichnet durch systematisch unlogisches Vorgehen.

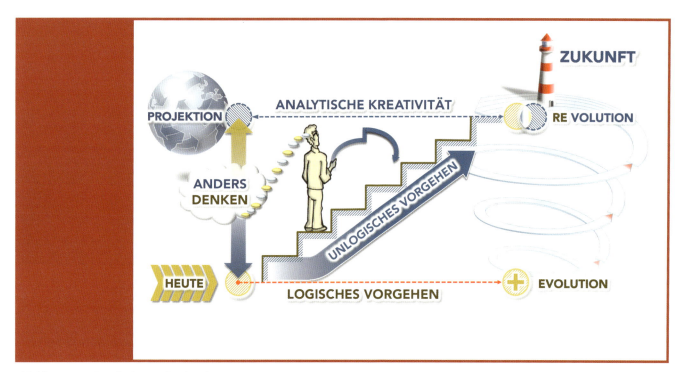

Abbildung 2: Anders denken, Zukunft sichern *Quelle: Eigene Darstellung*

Diesen Herausforderungen widmet sich das Buch „Die Unlogik der Innovation".

2 Der Denkrahmen der westlichen Welt

2.1 Neue Herausforderungen

Ob Unternehmen, das Gesellschaftssystem oder jeder Einzelne von uns: Wir alle sind stetigem Wandel ausgesetzt. Dabei erhöht sich die Veränderungsgeschwindigkeit im Zuge des Fortschritts erheblich.

Nahmen Veränderungen in der Vergangenheit teilweise noch Jahre in Anspruch, so erleben wir heute permanent exponentielle, nichtlineare Entwicklungen. Branchen erleben fundamentale Umkehrungen. Vermeintliche Gleichgewichtszustände in Wirtschaft und Gesellschaft unterliegen einer erheblichen Veränderungsdynamik. Unsere Welt wird zunehmend komplexer vernetzt. Die Rahmenbedingungen, unter denen Menschen leben und Unternehmen wirtschaften, sind immer dynamischeren Entwicklungszyklen ausgesetzt. Damit erlangt die fundamentale Herausforderung immer größere Bedeutung: Wie muss ich mich heute neu orientieren, um zukunftsfähig zu bleiben? Die Antwort auf diese Frage zu finden scheint im Umfeld des 21. Jahrhunderts anspruchsvoller denn je.

Wenn im vergangenen Jahrhundert die junge Generation ein elterliches Unternehmen übernahm, konnte das bisherige Geschäft häufig weitergeführt werden. Die darauffolgenden Generationen mussten im Laufe ihres Lebens das Unternehmen bereits an neue Bedingungen anpassen. Heutige agile Organisationen haben sogar erkannt, dass sie mehrere Geschäftsmodelle parallel betreiben müssen, und gleichzeitig akzeptiert, dass diese eine reduzierte Halbwertszeit vorweisen. Die Umtriebigkeit im Managementumfeld vieler Unternehmen geht sogar so weit, dass Entwicklungsroadmaps vollständig gefüllt und Ressourcen ausgeplant sind.

Doch reichen diese Bestrebungen wirklich für Zukunftsfähigkeit aus? Wie hoch ist dabei der Anteil der Themen, die sich nicht auf die Fortschreibung der bisherigen Erfolgsgeschichte beziehen? Wie hoch ist der Anteil der Projekte, die den bisherigen Erfolg zugunsten der Zukunftsfähigkeit maximal selber gefährden? Wie hoch ist der Anteil der Ressourcen, die auf die strategische Gestaltung der Zukunftsfähigkeit gerichtet sind (siehe Abbildung 3)? Die Herausforderung besteht darin, den Übergang (blauer Pfeil) von vergangenen Geschäftsmodellentwicklungen (gelbe S-Kurve) hin zu zukunftsweisenden Entwicklungspfaden (blaue S-Kurve) zu gestalten.

„Disruptive Innovationen"[1] setzen häufig an Stellen an, wo sie von Experten so nicht erwartet werden. Dass sich diese Situation verschärft, wird Unternehmensverantwortlichen immer klarer. Gleichzeitig wird es für sie auch zunehmend schwieriger, relevante Veränderungen in den Abhängigkeiten für das eigene Handlungsfeld und die daraus resultierenden Einflüsse zu erkennen. Der an den aktuellen Entwicklungspfad geknüpfte Denkrahmen (rote Klammern) dominiert. Einzelne Expertensichten reichen nicht mehr aus, um Chancen und Risiken zu ermitteln. Direkte Gefährdungen können aus scheinbar weit entfernten Bereichen heranwachsen. Häufig findet die Verknüpfung von Neuerungen in unterschiedlichen Bereichen statt, so dass die Expertise in einzelnen Feldern für die Neugestaltung der Zukunft nicht ausreichend ist. Generell liegen größte Potentiale im Synergiefeld zwischen klassisch getrennten Disziplinen und deren Vernetzung, also in Feldern tatsächlich gelebter interdisziplinärer Zusammenarbeit.

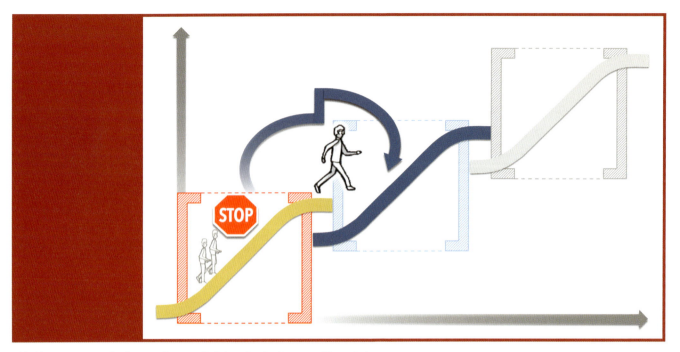

Abbildung 3: Herausforderung, den persönlichen Denkrahmen zu überwinden *Quelle: Eigene Darstellung*

Vor welchen Herausforderungen stehen nun Organisationen, die solche fundamentalen Wandlungen vollziehen möchten? Warum scheitern immer wieder Initiativen? Wie kann es sein, dass Einzelne, die auf vergleichbare Informationen wie jeder andere auch zurückgreifen können, zu grundsätzlich neuen Ansätzen gelangen? Wie gelingt es Einzelnen, neue bahnbrechende Ansätze zu entdecken, obwohl jeder Experte logisch begründen kann, dass an dieser Stelle eine Lösung unmöglich ist. Worauf beruht diese Fähigkeit, „anders zu denken", solch vermeintlicher Genies? Ist diese Fähigkeit für jeden erlernbar?

Folgendes Beispiel belegt, dass Innovatoren Verknüpfungen antizipieren, die heute noch keiner sieht: Welche Basisinnovation ist für den heutigen Verbreitungsgrad von Mobiltelefonen verantwortlich?[2] Sie denken bestimmt gerade: eine Signal-Übertragungstechnologie. Nein, nicht wirklich: Tatsächlich ist es der Prepaid-Vertrag. Über 60 Prozent der heute weltweit in Nutzung befindlichen Mobiltelefone sind mit Prepaid-Verträgen ausgestattet. Über 90 Prozent der Verträge in Afrika und über 80 Prozent der Verträge in Südamerika werden so abgeschlossen – denn: Wenn Kunden kein Bankkonto besitzen, können keine monatlichen Beträge gebucht werden. Die Entwicklung führt zu einem Nebeneffekt, der für andere Branchen grundlegende Bedeutung hat: Der Prepaid-Vertrag wird zum Zahlungsmittel. Löhne werden auf das Prepaid-Konto gebucht und Zahlungen im Geschäft darüber abgewickelt. Eine fundamentale Gefahr für das Geschäftsmodell von Banken.

Es stellt sich die Frage, wie Banken an einem Geschäft teilhaben können, wenn es keine Bankkonten gibt. In der logischen Analyse solcher Zwickmühlen-Situationen liegt bereits die Herausforderung begründet. Die logische Herleitung einer Grenze führt zu deren Akzeptanz. Es scheint quasi unmöglich, alle Menschen mit Bankkonten zu versorgen. Die Lösung von Zielkonflikten erfordert es, Grenzen als Chance zur Weiterentwicklung und nicht als absolute Barrieren zu verstehen. Die Unlogik der radikalen Innovation provoziert die Frage: Was wäre, wenn aus Sicht von Banken keine Notwendigkeit bestünde, ein Bankkonto zu gewähren, um am Zahlungsverkehr teilzunehmen?

Eine unserer größten Denkbarrieren, die uns daran hindert, Durchbrüche zu erzielen, ist das Entweder-oder-Denken. Auch Banken können sich vor diesem Hintergrund nicht entweder für ihr bestehendes Geschäftsmodell oder für das neuartige Geschäftsmodell entscheiden. Das Sprichwort „einen Tod muss man sterben" erhält bei der Neuorientierung von Grundmanifesten eine tiefgründigere Bedeutung. Für welche Richtung man sich auch immer entscheiden mag: Den Ansatz konsequent zu Ende gedacht, wird schnell deutlich, an welcher Barriere die Entwicklung letztendlich scheitern wird. Unternehmen müssen sich trotzdem in einem Umfeld des beständigen Wandels zukunftsfähig ausrichten. Dabei treten zwangsläufig Zielkonfliktsituationen auf. Diesen wird in der Regel im Rahmen von Change-Management-Projekten mit Zielkonfliktmanagement begegnet. Zielkonfliktmanagement hat von vornherein das Ziel, möglichst „den besten Kompromiss" zu finden.

> **Mit Kompromissen lässt sich radikale Innovation nicht erschließen.**

Nicht nur in der Politik wird häufig bei Verhandlungen von vornherein das Ziel formuliert, Kompromisse erreichen zu wollen. Per Definition jedoch wird mit einem Kompromiss eine Einigung zwischen zwei Parteien erreicht, bei der beide unter gegenseitigem Einvernehmen Teile ihrer ursprünglichen Forderungen aufgeben. Und noch viel bedeutender: Kompromisse führen genauso in Sackgassen wie Entweder-oder-Entscheidungen. Was ist wichtiger: ein traditionserhaltender oder ein grundlegend erneuernder, moderner Ansatz? Radikale Traditionserhaltung verhindert Entwicklung. Radikale Erneuerung führt zu einem Verlust der Markenidentität. Warum glauben wir, dass wir uns entscheiden müssen? Warum glauben wir an Kompromisslösungen?

Dass Kompromisse, bezogen auf die großen Herausforderungen der Menschheit, scheitern müssen, zeigt sich an dem Zielkonflikt zwischen wirtschaftlichem Erfolg und ökologischer Nachhaltigkeit. Ist es für unsere Gesellschaft möglich, auf ökonomischen Erfolg zu verzichten? Nein, denn dann scheint Wohlstand für alle unerreicht. Ist unsere Gesellschaft ohne ökologische Basis überlebensfähig? Nein, durch den Ressourcenverbrauch verzehren wir unsere eigene Überlebensgrundlage. Wir glauben noch heute, „den besten Kompromiss" finden zu können: Als Spezies Mensch „möglichst wenig schädlich zu sein". Bei acht Milliarden Menschen auf der Welt ist jedoch „ein bisschen schädlich" auch schon zu viel. Moderne Nachhaltigkeitsmodelle beschreiben Systeme mit umfassend geschlossenen Kreisläufen, die 100 Prozent ökologisch nachhaltig und gleichzeitig wirtschaftlich erfolgreich sind.[3]

Zukunftsfähigkeit erfordert deshalb, dem Entweder-oder-Denken eine ganz neue „unlogische", widerspruchsorientierte Denkweise gegenüberzustellen. Es stellt sich erneut die Frage: Warum glauben wir auch vor dem Hintergrund solch großer Herausforderungen noch immer an Kompromisslösungen? Die Antwort darauf ist in unserer Historie zu finden. Diese logikbasierte Denkweise haben wir über Jahrhunderte verinnerlicht. Doch wenn wir uns dieser Prägung bewusst geworden sind, haben wir auch die nötigen Voraussetzungen, diese limitierenden Denkmuster zu überwinden.

2.2 Ursprung und Muster unserer Entscheidungsbasis

Jeder Einzelne, ob im Alltag oder im beruflichen Umfeld, verlässt sich bei seiner Entscheidungsfindung auf kausale Argumentationsketten. Diese Art und Weise, Zusammenhänge zu erfassen, folgt unserer grundsätzlich logischen Denkweise. Sie ist notwendig, um schrittweise komplexe Sachverhalte zu verstehen und in diesem Kontext handlungsfähig zu sein. Ohne diese Denkweise wäre bahnbrechender Fortschritt der Menschheit nicht möglich gewesen. Aufgrund des überragenden Erfolgs der Logik werden wir (in der westlichen Welt) heute systematisch in dieser Denkweise ausgebildet.

Um die Erfolgsgeschichte der Logik besser zu verstehen, müssen wir einen kurzen Blick auf deren Entstehungsgeschichte werfen: Bereits Aristoteles stand in seiner Auseinandersetzung mit Platon vor der Herausforderung, die komplexen Zusammenhänge der Welt zu ermitteln. Wo Platon versuchte, sich der Wahrheit durch eine umfassende Betrachtung der Dinge anzunähern, führte Aristoteles die Vielfalt in der Diskussion auf den Punkt, indem er eine eindeutige Wahrheit suchte. Dieses Denkmuster hat sich zur Erklärung von natürlichen Phänomenen durchgesetzt und legte damit den Grundstein für die Naturwissenschaft. Seit jeher ist die Suche nach der eindeutigen Wahrheit fest in unserem Bildungssystem verankert. Logik unterstützt uns bei der Suche nach und der Entscheidung für die „beste Lösung", und wir haben dieses Vorgehen tief verinnerlicht. Logik ist jedoch Fluch und Segen zugleich. Wahrheiten und damit Grenzen, die uns die Naturwissenschaft als Rahmenbedingungen vermittelt, akzeptieren wir als absolut. Gerade die Auseinandersetzung mit Leistungsgrenzen ist zwingend erforderlich, um radikale Innovationen hervorzubringen.

> **Gibt es Alternativen zur Logik? Können wir systematisch anders denken?**

Für determinierbare Fragestellungen — für Optimierungsprozesse und evolutorische Weiterentwicklungen — ist die Logik eine leistungsfähige Herangehensweise. „Die Welt" besucht Europa, um zu verstehen, wie wir für „Operational Excellence" derart leistungsfähige Prozesse und Strukturen entwickeln konnten. Für nichtlineare Prozesse, jenseits der heute bekannten Regeln, ist die Logik als Basis dagegen denkbar ungeeignet. Uns fällt es schwer, „wider besseres Wissen" Grenzen anzuzweifeln. Es ist für das Management von limitierten Ressourcen nahezu unmöglich, Kapazitäten für Fragestellungen zur Verfügung zu stellen, die laut Fachwissen von Experten nur zu Misserfolgen führen können. Innovation erfordert jedoch genau das: ein Verschieben von Leistungsgrenzen. Ein Denken jenseits heutiger Barrieren, auf der Suche nach Lösungen, die für Experten positiv überraschenden Neuheitsgrad besitzen.

Existieren aber überhaupt Denkformen, die den Herausforderungen unserer modernen Welt besser gerecht werden? Leistungsfähige Herangehensweisen für moderne Fragestellungen erfordern einen Bruch mit bestehenden, logischen Abhängigkeiten. Sie bedürfen anderer Entscheidungsgrundlagen, differenzierter Managementsichten, sensibel gewählter Entscheidungskenngrößen. Unsere klassischen Herangehensweisen fordern im besten Fall Kreativität. Sie verfolgen das Ziel, „über den Tellerrand hinaus und quer zu denken". Dieser Forderung steht eine Kultur gegenüber, die Planungs- und Entscheidungssicherheit, Ressourcenfokussierung und Return on Invest erwartet. Dafür existieren Entscheidungsmechanismen. Sie wurden erfolgreich für das Kerngeschäft geschaffen, nicht für Veränderung. Mit der Potentialeinschätzung kreativer Ideen werden diese Prozesse systematisch überfordert. Beim Herunterbrechen neuer Ansätze auf einzelne Bewertungskriterien reflektieren wir neuartige Gedanken zwangsläufig an heute geläufigen Blickwinkeln und den Erfolgskriterien des Geschäftsmodells von heute – also gerade an dem, was verändert werden soll. Damit erscheinen innovative Gedanken als nicht erfolgversprechend – schier „undenkbar".

Die Nutzung der gleichen Kriterien für beides, für das Tagesgeschäft und für neue Ideen, führt sehr frühzeitig dazu, dass Ausgestaltungsprozesse von ungewöhnlichen Ansätzen wieder gestoppt werden. Die heute verfügbaren Systeme unterstützen kontinuierliche Verbesserungen und Operational-Excellence-Ansätze in einer Art und Weise, dass diese straff organisierbar sind. Dadurch fallen aber innovative Ideen, die auf neuen Grundansätzen aufbauen, in aller Regel durch das Raster. Es stellt sich also aus unternehmerischer Sicht mit dem Anspruch auf Nachhaltigkeit die Frage: Kann man sich heute noch zwischen dem Streben nach Operational Excellence und zukunftsweisender Innovation entscheiden? Der Logik folgend, würde man sich nun mit der Suche nach dem besten Kompromiss beschäftigen. Damit wird man jedoch nicht dem Anspruch nach Leadership gerecht. Die Antwort im Kontext des ständigen Wandels müsste daher „Take both!" lauten.

Die Unternehmenskultur vereint implizite und explizite Komponenten mit rationalen Sichten für Operational Excellence und emotionalen Aspekten, die als Basis für Innovation-Leadership angesehen werden können. Die explizite Sicht zeichnet sich durch konkrete Fakten, Prozesse, Abhängigkeiten und die aktive Selbstdarstellung aus. Die implizite Sicht stellt die Selbstwahrnehmung und ein tief verankertes, teilweise unterbewusstes Wertegefüge dar. Das gilt sowohl für den Einzelnen als auch für Gruppen, die gesamte Organisation, ihr Umfeld und auch internationale Herausforderungen. **Die rationale Sicht auf Fakten, Trends und Limits des aktuellen Geschäftsmodells reicht nicht aus. Es ist die parallele Sicht auf beides erforderlich – auf rationale und emotionale Aspekte, um die stärksten Stellhebel für zukünftige Erfolge auf höherem Niveau antizipieren zu können.** Denn die Entweder-oder-Logik hilft in diesem Spannungsfeld nicht weiter. Nachdem es jedoch ganz natürlich ist, das zwischen heute und der Zukunft eine Barriere existiert, benötigen wir Denkweisen, mit denen wir diese überwinden können. Die Dialektik, begründet von Sokrates und Platon, fordert Sowohl-als-auch-Lösungen, die sich nicht an heutigen Abhängigkeiten orientieren und damit Synthesen ermöglichen. Vordergründig erscheint uns das als Bruch mit der bestehenden Logik, womit folgende These im Raum steht:

Unlogik ist die Logik für Zukunftsfähigkeit!

Aus heutiger Sicht „unlogische Lösungen" sind bahnbrechend und können bestehende Spielregeln revolutionieren. Sie beeinflussen die Zukunftsfähigkeit von Unternehmen und Individuen. Innovatoren schaffen es, allgemein akzeptierte Denkmuster gezielt zu durchbrechen. Auf dieser Basis verschieben sie Leistungsgrenzen, schaffen strategischen Vorsprung und entziehen damit ihren Konkurrenten Wettbewerbsfähigkeit.

Vor Jahrzehnten hat ein damals unbekannter Sportler die olympische Disziplin des Hochsprungs revolutioniert.[4] Bis in die 1960er Jahre folgte die Trainingsphilosophie aller Wettbewerber der Prämisse des gezielten Muskelaufbaus und der maximal möglichen Gewichtsvermeidung. Der Schwerpunkt des Körpers war so nahe wie möglich über die Latte zu führen. Über Jahrzehnte hinweg wurde der Rollsprung – in der Fachwelt auch als Straddle bekannt – immer weiter ausgereizt. Die Optimierung folgte der Logik „Mehr für Mehr", sprich besseres Verhältnis von Sprungkraft zu Gewicht für mehr Sprunghöhe. Physiologen waren sich zu dieser Zeit sicher, dass der menschliche Körper ohne mechanische Hilfsmittel, als Grundvoraussetzung für die Regelkonformität, auf der Erde höchstens 2,35 Meter überspringen kann. Der Weltrekord lag bereits bei 2,34 Meter. Das maximal Denkbare und auf dieser Basis Kalkulierbare war bereits nahezu erreicht. Der gesamte Wettbewerb fokussierte sich auf die letzten erreichbaren Millimeter. 1968 ging ein junger Athlet an den Start, der seiner eigenen Philosophie folgte. Er wollte seinen „eigenen Weg erfinden". Er wollte nicht an allgemein anerkannte Grenzen glauben. Und er war sich sicher: „Um Neues zu erreichen, muss ich anders denken!" Sein Name wurde zum Inbegriff seines neuen Sprungstils (siehe Abbildung 4). Dick Fosbury nutzte die Gesetze der Dynamik, um den Körper höher als bisher denkbar führen zu können. Er leitete so

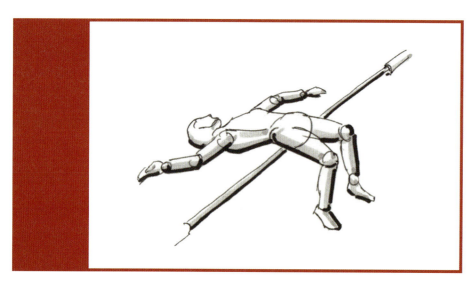

Abbildung 4: Anders denken, um Leistungsgrenzen zu verschieben – der Fosbury-Flop
Quelle: Eigene Darstellung

eine neue Ära des Hochsprungs ein. Der Maßstab des Erreichbaren wurde durch ihn neu definiert. Der Rekord liegt nun bei 2,45 Meter.

Das Beispiel des Hochsprungs zeigt, wie durch eine offensive Geisteshaltung die scheinbar fundamentalen Regeln der Physik „überwunden" werden konnten. Sein Traum, Weltmeister zu werden, erlaubte es Fosbury, die erklärte Leistungsgrenze nicht anzuerkennen.

Für die Überwindung von Denkrahmen und die Schöpfung von bahnbrechenden Innovationen sind folgende Elemente Grundvoraussetzung: eine offensive Geisteshaltung, gepaart mit der Fähigkeit, unvernünftige Träume zuzulassen.

> **In einem Umfeld, in dem alle vom gleichen Erfahrungswissen geprägt sind, entstehen keine neuen Sichten.**

Innovationsfähigkeit hängt maßgeblich davon ab, sich auf Ziele einlassen zu können, die aus heutiger Sicht unerreichbar, unmöglich erscheinen. Innovationsprozesse erfordern hierfür Orientierungsmittel, die es erlauben, „verrückte Ideen" von potentialreichen Innovationsgedanken zu unterscheiden! Um die Barrieren und Chancen unserer bestehenden Situation besser einschätzen zu können, müssen wir unsere grundlegende Haltung gegenüber Entscheidungsfindungsprozessen verstehen.

2.3 Historischer Rückblick zum mechanistischen Denkrahmen[5]

Die Steigerung der Leistungsfähigkeit in den vergangenen Jahren kann qualitativ in Form von nichtlinearen Entwicklungen aufgefasst werden. Produktions-, Logistik- und Informationstechnologien haben sich ebenso weiterentwickelt wie die Produkte und Dienstleistungen selbst. Besonders hervorzuheben ist in diesem Zusammenhang die Informationsverfügbarkeit und damit einhergehend das Potential zur Gestaltung von Umbrüchen ganzer Branchen durch die digitale Vernetzung. Die Printmedien, die analoge Fotografie, die Telefonindustrie, Videotheken und zahlreiche Dienstleistungsanbieter wurden bereits durch neu gestaltete Wettbewerbsregeln revolutioniert. Häufig sind dabei ehemalige Premiummarken stark in Bedrängnis geraten, wenn nicht gar endgültig vom Markt verschwunden.[6]

Dies zeigt eindrucksvoll folgendes Beispiel aus den USA: Richard Foster und Sarah Kaplan analysierten die Entwicklung der Top-100-amerikanischen Unternehmen aus dem Jahr 1917 und verglichen diese mit den Top 100 aus dem Jahre 1987.[7] Lediglich 18 Unternehmen, darunter Firmen wie General Electric, Ford, General Motors, Proctor & Gamble und DuPont, haben die Zeitspanne von 70 Jahren Entwicklungsbedrängungen und Disruptionen überlebt.

Aktuell können Signale wahrgenommen werden, dass sich im Zuge der Digitalisierung auch Umbrüche für die klassischen Branchen der produzierenden Industrie ergeben. Durch die Verschmelzung der klassischen Mechanik, Elektronik, Software und Firmware stehen auf einmal Unternehmen in direktem Wettbewerb zueinander, die bisher klar differenzierten Branchen zugeordnet werden konnten. Dies zeigt eindrucksvoll, dass sich unsere Welt derzeit radikal wandelt. Für diese Umwälzungen müssen wir uns auch im Denken rüsten. **Denn wir nähern uns noch heute neuen Herausforderungen mit den gleichen Denkmustern, wie es auch schon unsere Vorfahren getan haben.**

Wir denken wie im Mittelalter!

Auf welche Basis stützt sich die These? Herbert Pietschmann, theoretischer Physiker und Philosoph, hat die Grundform des Denkens der Kulturregionen unserer Welt untersucht. Er beschreibt unser abendländisches Denken als „mechanistischen Denkrahmen"[8] — mit weitreichenden Konsequenzen (siehe Abbildung 5).

> *„Um die Auswirkungen auf unsere heutige Denkweise besser verstehen zu können, müssen wir einen kurzen Ausflug in die europäische Geschichte machen. Bereits frühzeitig fanden grundlegende Weichenstellungen statt, die noch heute Verhaltensmuster unserer Kulturregion maßgeblich prägen. Beachtenswert dabei ist, dass aus den Weichenstellungen Grundannahmen und Grundhaltungen unseres Gesellschaftssystems geworden sind, so dass wir uns der Ursachen und Konsequenzen nicht mehr direkt bewusst sind."*[9]

Die erste grundlegende Weichenstellung — und wohl auch die mit den weitreichendsten Konsequenzen — geht auf die frühe Zeit der griechischen Geschichte zurück. Sie revolutionierte die Grundform des Denkens und der Entscheidungsfindung[10]:

> *„Sehen wir uns also jene Denkform an, die zusammen mit der Naturwissenschaft im 17. Jahrhundert entwickelt worden ist. Allem menschlichen Tun liegen gewisse Formen des Denkens zugrunde, unsere Erzeugnisse entstehen zuerst im Kopf, ehe sie materielle Wirklichkeit werden oder als Gedanken auszusprechen sind. Andere Kulturen sprechen gerne von ‚Denkformen' oder ‚Denkwegen', weil sie nicht so starr eingegrenzt sind wie in unserer Kultur. Wir sprechen daher lieber vom ‚Denkrahmen', der genau abgrenzt, was eingeschlossen ist und was draußen bleiben muss.*
>
> *Unser Denkrahmen stammt aus den Erfolgen klassischer Mechanik, wir nennen ihn daher auch ‚mechanistischer Denkrahmen'. Er fußt auf vier Säulen (sozusagen vier ‚Axiomen' mechanistischen Denkens). Die erste Säule hat Galileo Galilei mit der Erfindung des Experimentes als Kriterium für Gültigkeit von naturwissenschaftlichen Aussagen geschaffen. Obwohl die Kurzfassung nicht von ihm selbst stammt, wollen wir sie in unseren Denkrahmen einfügen: Alles, was messbar ist, messen. Wir können auch ergänzen: Alles, was messbar ist, messen, und was nicht messbar ist, messbar machen.*

Die zweite Säule geht auf René Descartes zurück, der die Methode der Naturwissenschaft durch vier Regeln beschrieben hat. Seine zweite Regel lautet: Jedes Problem in so viele Teile teilen, wie es angeht und wie es nötig ist, um es leichter zu lösen."

Erst als dritte Säule wollen wir die aristotelische Logik nennen, und zwar in ihrer Kurzform des Entweder-oder. Schließlich hat Isaac Newton die aristotelische Physik überwunden, als er erkannte, dass entgegen der Meinung des Aristoteles die Physik unterhalb und jenseits der Sphäre des Mondes nicht unterschieden werden muss. Die Schwerkraft als Ursache mechanischer Phänomene war dieselbe im Fallen eines Apfels und bei der Bewegung von Planeten. Für alles Ursachen finden ist Newtons neuer Weg. Wir können nun unseren mechanistischen Denkrahmen zusammenfassen:

- Alles messen (Galilei)
- Alles in kleinste Teile zerlegen (Descartes)
- Immer Entweder-oder (Aristoteles)
- Für alles Ursachen finden (Newton)

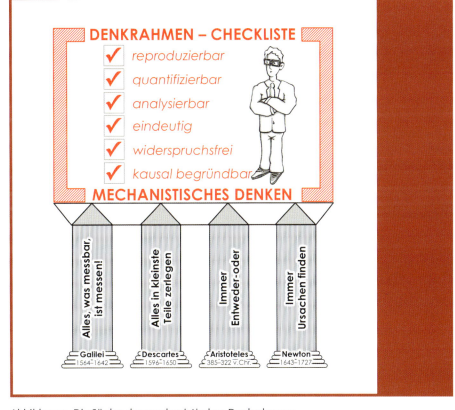

Abbildung 5: Die Säulen des mechanistischen Denkrahmens
Quelle: Eigene Darstellung in Anlehnung an Hamberger & Pietschmann, 2015, S. 48 f.

In der Quantenphysik bleibt davon lediglich die erste Forderung aufrecht. Wir können ein Atom nicht in seine Teile zerlegen, ohne es zu zerstören; beim Zusammensetzen eines Atoms aus den Teilen (Kern und Elektronen) verändern diese ihre ursprünglichen Eigenschaften so gründlich, dass vernünftigerweise nicht von ‚Zusammensetzen' gesprochen werden kann. Noch deutlicher wird das beim Zerlegen und Zusammensetzen eines Moleküls aus seinen Atomen, die dabei sogar ihre ‚Identität' verlieren. Erwin Schrödinger hat das deutlich ausgedrückt: ‚Wenn zwei Systeme in Wechselwirkung treten, treten … nicht etwa ihre ψ-Funktionen in Wechselwirkung, sondern die hören sofort zu existieren auf und eine einzige für das Gesamtsystem tritt an ihre Stelle.' Das Gesamtsystem ist etwas anderes als die Summe seiner Teile!

Das aristotelische Entweder-oder ist durch die Komplementarität von Welle und Teilchen überwunden. Und schließlich gibt es für quantenmechanische Prozesse keine Kausalität im klassischen Sinn. Der Quantenphysiker Anton Zeilinger sagt:

‚Eine der fundamentalsten Erkenntnisse der Quantenphysik ist es, dass es einen ›reinen Zufall‹ gibt. Es gibt also Ereignisse, denen keine kausale Bedingung zugrunde liegt. […] Des Weiteren mussten wir uns von der Annahme verabschieden, dass das, was wir beobachten, schon vor der Beobachtung existiert hat.'

Der klassische, mechanistische Denkrahmen ist also durch die Quantenphysik in seine Schranken gewiesen worden.[11]

Auch mit der Frage, ob und wie dieser Denkrahmen zu bewerten ist, hat sich Pietschmann beschäftigt:

> „Es wäre nun völlig falsch, die Frage zu stellen, ob dieser Denkrahmen gut oder schlecht ist. Es ist einzig und allein dienlich zu fragen, wo wir die Nachteile um der Vorteile willen in Kauf nehmen und wo nicht. Als ein Beispiel kann die Entwicklung der Flugsicherheit dienen. Die Erhöhung der Flugsicherheit wäre ohne den Denkrahmen nicht möglich gewesen. Der Denkrahmen erlaubt die Gestaltung von Checklisten. Er erlaubt die Beschreibung einzelner Handlungen, die – richtig ausgeführt – zu einem zuverlässigen, eindeutigen Ergebnis führen. Das heißt, dass der Denkrahmen die Basis zahlreicher positiver Errungenschaften unserer Gesellschaft ist.
>
> In der Kulturregion des Abendlandes entwickelte sich der Denkrahmen jedoch inzwischen zum Werkzeug zur Konstruktion unserer Wirklichkeit. Ein einfaches Gedankenexperiment kann dies veranschaulichen. Wachen wir früh auf und fühlen uns sehr heiß, glauben wir, dass wir Fieber haben.
>
> Der Glaube allein reicht uns in unserer Kultur nicht aus – wir fühlen uns gezwungen, die Temperatur zu messen. Galilei: Alles, was messbar ist, messen. Belegt das Messergebnis unser Gefühl nicht, gehen wir vom Defekt bzw. einer Fehlmessung durch das Fieberthermometer aus. Wir messen erneut. Reproduziert sich das Messergebnis und unser Gefühl bleibt, so sind wir erstaunt. Man gelangt zu der Erkenntnis: Ich habe gedacht, ich hätte Fieber, doch in Wirklichkeit habe ich keines.
>
> Begeben wir uns mit unklaren Symptomen in ärztliche Behandlung, werden wir nach allen Regeln der Kunst vermessen. Liegen all diese Messwerte im Normbereich, gelten wir in der Regel als gesund, auch wenn wir uns nicht so fühlen".

> **„Was bei uns Wirklichkeit ist, bestimmt nicht mehr das Erleben, sondern der Denkrahmen!"[12]**

Platon'sche Dialektik versus Aristoteles'sche Logik

Das Entweder-oder-Denken der Logik ist die große Stärke des Abendlandes für „Optimierungsherausforderungen". Logik war damit der große Gewinn für die Beschleunigung der wissenschaftlichen Erkenntnis und begrenzt dabei gleichzeitig unsere Fähigkeit, gezielt Fragen zu stellen, die jenseits der logisch erklärbaren Grenzen liegen.

Gibt es jedoch auch andere Denkformen? Im Gegensatz zu anderen Kulturen ist sich das Abendland nicht der Vielfalt möglicher Denkformen bewusst.

> *„Sätze, wie sie von Wissenschaftlern anderer Kulturregionen ausgesprochen werden, sind bei uns kaum zu finden: Ich habe mich bewusst für den wissenschaftlichen Denkrahmen der Logik entschieden".*[13]

Bereits die großen griechischen Denker Parmenides, Heraklit, Sokrates und Platon setzten sich mit der Herausforderung auseinander, das Wesen von Gegensätzen und Einheiten zu beschreiben (siehe Abbildung 6). Dabei setzte sich die Aristoteles'sche Logik durch.[14]

Platon hat das Problem der Veränderung sinngemäß zusammengefasst: „Was ist, wird nicht; was wird, ist nicht."[15] Hamberger und Pietschmann schreiben dazu:

> *„Für Platon stehen Sein und Werden nicht im Entweder-oder. Es sind die zwei Seiten ein und derselben ‚Münze' und können daher nicht getrennt werden. Daher ist der Gegenstand der Sinneswahrnehmung (das Werden) vom Gegenstand der Vernunft (das Sein) zwar zu unterscheiden, aber nicht zu trennen."*[16]

Da offensichtlich etwas ist und obendrein dem beständigen Wandel — also dem Werden — unterworfen ist, stehen wir vor einer „Aporie", einem unauflöslichen Widerspruch. Platon hat diesen Widerspruch in seiner Ideenlehre durch dialektisches Denken zur Synthese gebracht, wie Hamberger und Pietschmann ausführen:

> *„Aristoteles kann diese Aporie [...] nicht bestehen lassen. Er stellt das Sein dem Nichtsein im Sinne des Entweder-oder entgegen: ‚Denn zu behaupten, das Seiende sei nicht oder das Nichtseiende sei, ist falsch. Aber zu behaupten, dass das Seiende sei und das Nichtseiende nicht sei, ist wahr.' Für Platon stehen Sein und Nichtsein in einem dialektischen Verhältnis und er widerspricht daher schon Parmenides: ‚Es kann uns zum Zwecke der Verteidigung nicht erspart werden, den Satz unseres Vaters Parmenides genau zu prüfen und das Nichtseiende zu zwingen, dass es in gewisser Hinsicht ist, und andererseits das Seiende, dass es irgendwie nicht ist.' Und vom ‚Nichtseienden' sagt Platon: ‚Mit einem Gegensatz, ob es ist oder nicht ist, ob es in sich vernünftig oder ganz und gar unerklärlich ist, haben wir es bei ihm schon längst nicht mehr zu tun.'"*[17]

Allerdings haben wir die Fähigkeit, mit Aporien umzugehen, durch die Aristoteles'sche Logik weitgehend verloren.

> *„In der Folge war der mechanistische Denkrahmen die Basis für den Erfolg der Naturwissenschaft und der damit verbundenen technologischen Errungenschaften bis hin zu unserer heutigen Zeit."*[18]

Jeder Mensch entwickelt entsprechend seines individuellen Bildungs- und Erfahrungshintergrunds seinen persönlichen Denkrahmen und definiert dadurch zugleich die Leitplanken seiner Argumentations- und Prognosesicherheit. Welche Auswirkungen haben solche Denkrahmen nun auf unsere täglichen Entscheidungen (siehe Abbildung 5)? Es existieren unbewusste Muster für Lösungsstrategien und Entscheidungsprozesse, was einerseits sehr nützlich ist, denn wir müssen das Rad nicht jeden Tag neu erfinden. Wir suchen nach Möglichkeiten, Betrachtungsobjekte zu reproduzieren, zu quantifizieren und zu analysieren, um daraus eindeutige, widerspruchsfreie und kausale Begründungen abzuleiten. Andererseits führt diese unbewusst ablaufende Checkliste in Entwicklungsprozessen zur Bestätigung von bereits entwickelten „Weisheiten", was schließlich häufig in der Aussage endet: „Das haben wir schon immer so gemacht", und damit wirkungsvolle Neu-Entwicklungen verhindert.

> *„Die platonische Dialektik ist aus dem öffentlichen Denken und der öffentlichen Organisation des menschlichen Zusammenlebens fast vollständig verschwunden."*[19]

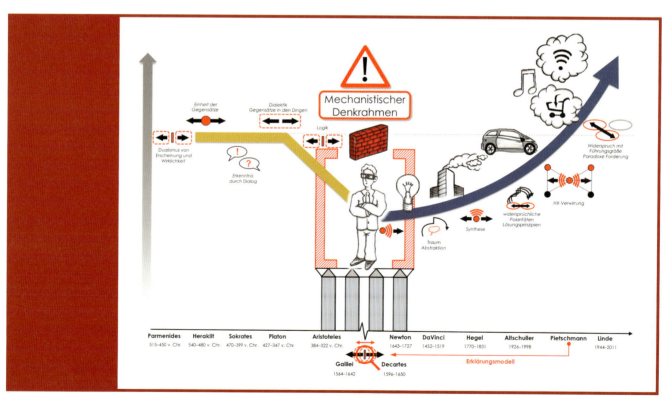

Abbildung 6: Die Evolution der Denkformen und die Prägung des mechanistischen Denkrahmens
Quelle: Eigene Darstellung in Anlehnung an Pietschmann, 2017

Das geht so weit, dass selbst der Begriff der Aporie weitestgehend aus unserem Sprachgebrauch verschwunden ist. Geblieben ist der Widerspruch als eine Situation der „Ausweglosigkeit", der wir in unserem mechanistischen Denkrahmen nur durch Kompromisse begegnen können.

Der weitere technologische und wirtschaftliche Fortschritt im Zuge der Digitalisierung sowie die großen Spannungsfelder der Gesellschaft zwischen Ökologie und Ökonomie sind jedoch durch hochvernetzte Fragestellungen gekennzeichnet. Diese komplexen Zusammenhänge sind von Aporien geprägt. Eine Entweder-oder-Logik wird diesen Herausforderungen nicht gerecht. Es bleibt der Traum, solch große Herausforderungen durch das Streben nach Synthesen lösen zu können. Um diesen Traum Realität werden zu lassen, muss die systematische Überwindung von Widersprüchen wieder in den Fokus des Denkens und von Diskussion rücken (siehe Abbildung 6). Pietschmann resümiert: „Es ist immer wieder faszinierend, was im Denkrahmen der Logik unerklärbar bleibt und im Rahmen der Dialektik offensichtlich ist." Dialektik ermögliche es, Sowohl-als-auch-Lösungen zu entwickeln, die sich nicht an heutigen Maßstäben orientieren.[20]

2.4 Logik vs. Dialektik

Die Existenz des mechanistischen Denkrahmens prägt maßgeblich die Art von Wahrnehmungen, Lebenserfahrungen und Entwicklungsergebnissen, die zu „Geht"- und „Geht nicht"-Überzeugungen führen können. Damit entstehen Handlungsrahmen, die zu vermeintlicher Entscheidungssicherheit, aber auch zu Denkblockaden führen: Alles, was innerhalb des Rahmens liegt, wird als „möglich" angesehen. Die Grenzen beruhen auf logischen Argumenten und werden daher systematisch nicht in Frage gestellt. Vergleichbare Denkrahmen finden sich auf allen Abstraktionsebenen:

- Denkrahmen von Individuen sind Denkrahmen der persönlichen Lebenserfahrung.
- Denkrahmen von Unternehmen/Teams sind Denk- und Handlungsraum des Unternehmens.
- Denkrahmen im Fall von Branchen sind Branchenlogik und Branchenziele.
- Denkrahmen von Wirtschaftssektoren bilden die Wirtschaftslogik sowie Ethik und Werte.

Die Chance und das Potential von Handlungsrahmen bestehen in der Geschwindigkeit und der Strukturiertheit von Optimierungsprozessen. Ziele sind durch die Barrieren klar definierbar. Mögliches kann von Undenkbarem klar unterschieden werden. Wird jedoch aus einer möglichen Perspektive ein Ansatz erkennbar, der eine der Grundannahmen des geltenden „Logikrahmens" außer Kraft setzt, werden die Karten neu gemischt. Das gesamte und aktuell immer stärker vernetzte Beziehungsgeflecht von Branchen und Unternehmen wird neu definiert. In diesen turbulenten Phasen sind bereits zahlreiche Imperien gescheitert. Was von kleineren agilen Marktteilnehmern als Katapult für nichtlineare Unternehmensentwicklungen genutzt werden kann, stellt sich für große branchendominierende Unternehmen anfänglich als noch nicht tragfähig genug dar. Hat eine entsprechende Entwicklung stattgefunden, ist der Impuls auf eine große etablierte Organisation eher zerstörerisch-schädigend als im positiven Sinne beschleunigend. Vor diesem Hintergrund stellen wir Ihnen folgende Fragen:

- Kennen Sie Olympia noch? Die mechanische Schreibmaschine „Mignon" hat einst die Organisationsformen und laufenden Prozesse der Unternehmen des 20. Jahrhunderts revolutioniert.[21] Olympia hat mit dem elektronischen Tischrechner „Omega" bereits 1960 zukunftsweisende Bürotechnik veröffentlicht.[22] „Omega' ist der Vorläufer eines Kleincomputers, der Bürowelt um viele Jahre voraus, und wäre vermutlich geeignet gewesen, in die von IBM beherrschte Welt der Großrechner einzudringen."[23]

- Kennen Sie Kodak noch? Kodak stand für die beste mögliche Abbildungsqualität zu Zeiten der Analogfotografie. Kodak hat jedoch auch die Digitalfotografie erfunden – vor Nikon und Canon.[24]

- Kennen Sie Wigo noch? Wigo war der führende Pionier der europäischen Kaffeekultur. Wigo hatte bereits 1954 mit dem Wigomat eine Filterkaffeemaschine entwickelt – weit vor AEG, Phillips, Siemens oder Braun.[25]

- Kennen Sie den Quelle-Versandhandel noch? Die nichtlineare Entwicklung des Internets konnte der damalige Branchenprimus des Versandhandels nicht strategisch nutzen, um die eigene Führungsposition zu erhalten.[26]

- Kennen Sie Nokia noch? Die nichtlineare Nutzensteigerung durch die Vernetzung bisher getrennter Systeme durch Smartphones war für den Branchenprimus der Mobiltelefonie so nicht argumentierbar.[27]

- Was wird aus unseren Tageszeitungen? Durch Online-Nachrichtenportale und Push-Nachrichten in Verbindung mit ortsunabhängiger Netzverfügbarkeit verliert der ursprüngliche Kernnutzen von Zeitungen, „über Neuigkeiten zu informieren", nichtlinear an Wert. Es gibt heute kaum etwas Älteres als die Nachricht vom Vortag.

- Werden unsere Kinder die großen Automobilmarken noch kennen? Die Automobilindustrie durchlebt drei grundlegende Wandlungen parallel. Zum einen steigt der Softwareanteil der Funktionalität stark an, und automatisiertes Fahren erfordert Kernkompetenzen jenseits der bestehenden der Automobilindustrie. Zum anderen verschieben sich die Werte der Gesellschaft, denn in Megacitys ist der Besitz eines Fahrzeugs eher ein Laster als ein Statussymbol.

- Wie wird politische Meinung in Zukunft gebildet? In der Vergangenheit konnten prominente Meinungsbildner Argumentationsströme beeinflussen. Durch Social Media verschiebt sich die Macht der Meinungsbildung hin zur sich selbst organisierenden Masse.

- Welche Unlogiken revolutionieren unsere Welt? Zahlreiche weitere Grundannahmen unserer Gesellschaft werden derzeit hinterfragt. Heute noch schwache Signale können in immer kürzerer Zeit starke Wirkungen entwickeln. Extreme Start-ups skalieren Geschäftsmodelle zwischen dem ersten Gedanken und deren Internationalisierung in weniger als einem Jahr.

- **Welche Auswirkungen hat die Digitalisierung auf Ihre Branche und unser Wirtschaftssystem?** Eines ist sicher: Die Systeme und Organisationen der Welt verändern sich nichtlinearer und fundamentaler. Das ausgerechnet das eigene persönliche Feld von diesen Umbrüchen unberührt bleibt, ist mehr als fraglich (siehe Abbildung 7). Die tatsächlich eintretende Zukunft entspricht oftmals nicht der pfadabhängig vorgeschriebenen Zukunft und damit der geglaubten Zukunft. „Jeder von uns sollte sich Gedanken um die Zukunft machen, denn wir werden den Rest unseres Lebens dort verbringen."[28]

Abbildung 7: Umbrüche auf dem Weg in die Zukunft

Quelle: Eigene Darstellung

2.5 Die Entwicklung der Olympia-Werke

Die Entwicklungsgeschichte der Olympia-Werke ist ein Paradebeispiel europäischer Ingenieurskunst — und eine perfekte frühe Fallstudie für Herausforderungen, die es bei der Neugestaltung von Geschäftsmodellen zu überwinden gilt. Da Olympia zahlreiche Anknüpfungspunkte zur Reflexion bietet, soll hier der historischen Entwicklung von Olympia angemessener Raum geboten werden.

Vor mehr als einem Jahrhundert begann die Geschichte der Olympia-Werke mit Emil Rathenau, dem damaligen Chef des AEG-Konzerns. Im Frühjahr 1899 entdeckte er das Funktionsprinzip einer Schreibmaschine bei einer Ausstellung in Berlin. Jedoch ergab sich der ursprüngliche Bedarf für die Entwicklung erster Schreibmaschinen nicht, wie man heute vielleicht vermuten würde, im klassischen Büroumfeld. Die Motivation für „mechanisch unterstütztes Schreiben" entsprang aus dem Bedürfnis, blinde Menschen, die nicht von Hand schreiben konnten, in die Lage zu versetzen, ein Schriftstück zu erstellen. Um diese Menschen zu befähigen, selbst zu schreiben, wurden bereits ab dem Jahre 1775 mehrere unterschiedliche Konzepte von verschiedenen Tüftlern erfunden und konstruiert. Menschen wie Wolfgang von Kempelen, Pellegrino Turri di Castelnuevo, Karl Drais, Peter Mitterhofer und Franz Xaver Wagner entwickelten technische Geräte, mit denen Schriftstücke maschinell in einer standardisierten Schriftform erstellt werden konnten.

Rathenau sah in diesen ersten Schreibmaschinenmodellen jedoch ein Potential, das wesentlich über das ursprüngliche Anwendungsgebiet hinausgehen sollte. Innerhalb von AEG beauftragte er Friedrich von Hefner-Alteneck mit der Weiterentwicklung und Konstruktion eines technischen Apparates, basierend auf dem ersten Funktionsprinzip einer Schreibmaschine. Nur wenige Jahre später brachte die Union Schreibmaschinen-Gesellschaft ein innovatives Produkt namens „Mignon" auf den Markt. Damit sollte der Grundstein für einen bahnbrechenden Wandel innerhalb des damaligen Büroumfeldes eingeleitet werden, der noch bis heute anhält. Die „Mignon" hatte das Potential, Büroprozesse grundlegend zu verändern.[29] Obwohl die kaufmännische Tätigkeit auf den ersten Blick keineswegs mit einem Handwerk vergleichbar ist, war die Zeit vor der Schreibmaschine dennoch durch zahlreiche von Hand ausgeführte Schreibaktivitäten geprägt. Geschäftliche Dokumente wie Briefe und Formulare trugen immer eine persönliche Handschrift, und zwar nicht nur im übertragenen Sinne, denn sie waren tatsächlich von Hand gefertigt. Kaufmännische Tätigkeiten definierten sich von Beginn an durch diese Handlungen. Die Selbstverständlichkeit des Vorgehens war zweifellos unter Geschäftsleuten akzeptierter Alltag. Es existierte kein explizit formulierter Bedarf für einen Wandel der geforderten Fertigkeiten, wie beispielsweise eine sauberere und leserlichere Handschrift oder ein sorgfältigerer Umgang mit Schreibmaterialien.

Dennoch antizipierte Rathenau scheinbar das Potential des Wandels durch ein technisches Gerät wie die „Mignon". Basierend auf dieser Grundüberzeugung (oder vielleicht auch nur begründet auf einem unvernünftigen Traum), sollten sich nach der Einführung der „Mignon" über die nächsten Jahrzehnte der Büroalltag und damit auch die Bürokultur grundlegend verändern. Die „Mignon" war ein Einsteigermodell mit einem erschwinglichen Preis, was sie besonders für Handwerker und Privatleute interessant machte. Die „Mignon" beschritt von nun an einen Erfolgspfad und sollte nach kurzer Zeit auch in die klassische Bürowelt einziehen.[30] Sie war der entscheidende Impuls für den Wandel im Büro. Im Jahr 1912 wurde die fortschrittlichere Typenhebelschreibmaschine entwickelt, produziert und setzte sich wie das Vorgängermodell „Mignon" ebenfalls am Markt durch. Längst wurde aus dem latenten Bedarf für Schreibmaschinen im Büro ein explizites Marktbedürfnis. Nach dem Ersten Weltkrieg stieg die Nachfrage weiter, so dass weitere Fertigungskapazitäten aufgebaut werden mussten. Die AEG Deutsche Werke AG wurde in Erfurt gegründet. Um die „Schreibmaschine" hatte sich bis dahin bereits eine ganze Industrie gebildet. Für die Reparatur von Schreibmaschinen, die bislang vornehmlich die Tätigkeit von Nähmaschinen- und Fahrradmechanikern war, bildete sich mit zunehmender Bedeutung der Berufszweig des Büromaschinenmechanikers, der auch Aufgaben des Kundendienstes übernahm.[31]

Ab 1930 firmierte das Unternehmen als Europa Schreibmaschinen AG, was auch ein deutliches Zeichen für die internationale Ausrichtung darstellte. Verbunden mit dieser Änderung der Firmenbezeichnung war die Einführung des international schutzfähigen Namens „Olympia". Zwei Jahre später wurde das 500.000. „Mignon"-Gerät verkauft. Es ist unbestritten, dass die „Mignon" einen sehr großen Beitrag lieferte, „das Maschinenschreiben volkstümlich zu machen".[32] Der kulturelle Wandel spiegelte sich auch in den neu formulierten Anforderungsprofilen innerhalb des Büroumfeldes wieder. Die Anzahl der Anschläge pro Minute auf einer Schreibmaschine wurde zu einem entscheidenden Einstellungskriterium für Büroarbeitskräfte — eine Qualifikation, die noch wenige Jahre zuvor bedeutungsfrei gewesen wäre.

Um die steigende Nachfrage des Marktes zu decken, wuchs das Unternehmen kontinuierlich weiter. Die damalige Stärke zeigte sich auch in den Ausmaßen des Unternehmensgeländes. Trotz der extrem überschaubaren Bauteilgrößen umfasste der Olympia-Standort 88.000 Quadratmeter mit 31.000 Quadratmetern bebauten Flächen.[33]

Neben dem Erfolg und weiterem Wachstum im bestehenden Geschäft schien das Unternehmen auch für sich selbst den ständigen Wandel der Welt als Chance zu begreifen. Das zeigte sich im Jahr 1943. Das Unternehmen hatte bereits zu diesem frühen Zeitpunkt das Potential für ein elektrisches Schreibmaschinensystem erkannt und sich in einer eigens dafür geschaffenen Abteilung in Erfurt mit der entsprechenden Entwicklung auseinandergesetzt.[34]

Nach dem Zweiten Weltkrieg, in dem das Werk Erfurt stark beschädigt wurde, fand 1946 ein Neustart für das Unternehmen in Wilhelmshaven statt. Der Standort bot sich besonders aufgrund der vorhandenen Infra- und Kompetenzstruktur im Bereich der Produktion von Feinmechanik an.[35] Die Nachfrage nach Schreibmaschinen stieg auch in dieser Zeit weiter an. Zusätzlich wurde das Portfolio ab 1949 um manuell-elektrisch angetriebene Rechenmaschinen bzw. Saldiermaschinen erweitert.

Darin liegen auch die Wurzeln für einen weiteren bahnbrechenden Wandel der Bürowelt, der nahezu zeitgleich erfolgte. Die 1950er Jahre waren die Anfangszeit der Computertechnologie, an deren Entwicklung auch Olympia maßgeblich beteiligt war. Bereits 1950 investierte das Unternehmen als eines der ersten in Deutschland in eine Großrechenanlage von IBM.[36] Im Zuge dieser Investition setzte sich Olympia auch mit Datentechnik auseinander und konnte im Rahmen der Aktivitäten die erste Mathematisierung und damit die Digitalisierung der Lohnsteuertabelle verzeichnen[37] – damals ein nicht zu unterschätzender Fortschritt. Die Mitarbeiter nutzten neue Technologien und entwickelten auf dieser Basis nahezu kontinuierlich Neuheiten sowohl für die Steigerung der Leistungsfähigkeit betriebsinterner Prozesse als auch zur Erweiterung des Produktportfolios. In der Folge brachte Olympia 1958 die erste vollelektrische Schreibmaschine auf den Markt.[38]

In den 1950er Jahren gründete Olympia ein elektronisches Labor, in dem sich innovative Mitarbeiter mit der Entwicklung von Organisationsmaschinen für die Datentechnik auseinandersetzten.[39] Diese Tatsache erscheint für ein Unternehmen mit Wurzeln in der Spezialisierungsrichtung „Feinmechanik" durchaus exotisch, zeugt jedoch von dem tiefen Verständnis Olympias für die Gestaltung von fortschrittlichen Büroprozessen. Letztere Kompetenz war seit der Gründung und über die folgenden Jahrzehnte hinweg auch ein wesentlicher Bestandteil zur erfolgreichen Schöpfung und Vermarktung von attraktiven Produkten für die Bürowelt. „Das besagte Labor hat letztendlich einen hochwissenschaftlichen Tischrechner im Visier."[40] Die Überlegungen mündeten am Ende in den Bau einer datenverarbeitenden Anlage mit der Bezeichnung „Omega".

> *„Dieser neuartige Elektronenrechner mit Ein- und Ausgabegeräten im Kern mit einem für seine Zeit führenden Trommelspeicher soll auch für Büros mittelgroßer Unternehmen erschwinglich sein. Die Eingabe erfolgt über Kartenleser und Saldiermaschinen, die Ausgabe über Zeilendrucker mit sehr hoher Geschwindigkeit. Erstmals der Öffentlichkeit präsentiert wird das Gerät auf der Ende April 1960 beginnenden Hannover Messe."*[41]

Die „Omega" war eine Sensation für die damalige Zeit, in der sich die IT-Branche durch raumfüllende und sehr teure Rechner von IBM definierte, was sich auch in der Aufmerksamkeit des Messepublikums zeigte.

> *„Dieser Prototyp einer elektronischen Datenverarbeitungsanlage mit ihrem volltransistorisierten Elektronenrechner und einer Reihe weiterer Transistor-Geräte zur Ein- und Ausgabe sowie Aufbereitung und Verarbeitung von Daten ist eine der Sensationen auf der Messe und ständig von Fachleuten und Journalisten aus aller Welt umlagert. Es scheint, als könnten sich alle nicht sattsehen an dieser zweckmäßig zugeschnittenen Gerätekombination zur rationellen Bewältigung einer Vielzahl von Geschäftsvorgängen, dessen zentrale Rechner- und Steuereinheit die Form eines Schreibtisches besitzt."*[42]

Mit der heutigen Kenntnis, wie sich Computer über die nächsten Jahrzehnte entwickeln sollten, wird deutlich, wie weit die „Omega" ihrer Zeit voraus war. Leider wurde jedoch zu dieser Zeit auf AEG-Konzernebene entschieden, dass der Schwerpunkt der Marke Olympia für die nächsten Jahre woanders liegen sollte.[43]

Mitte der 1960er Jahre verfügte Olympia über ein breites Portfolio von „Geräten zum Schreiben, Kopieren, Diktieren und Saldieren sowie Organisationsmaschinen, Buchungs- und Rechenautomaten"[44]. Einer Umfrage zufolge war das Markenzeichen Olympia bei „75 Prozent aller Bundesbürger, die älter als 15 Jahre sind, bekannt".[45] Olympia war zweifellos eine der Instanzen im Büroumfeld.

Außerhalb von Olympia fand eine Parallelentwicklung statt, die sich im späteren Verlauf als eine weitere bahnbrechende Technologie herausstellen und damit auch das Kerngeschäft der Olympia-Werke in Zukunft maßgeblich beeinflussen sollte. In den Jahren 1920 bis 1930 bot das Unternehmen IBM erste Lochkartenmaschinen an. Jahrzehnte später, im Jahr 1951, brachte Remington den ersten kommerziellen Computer namens UNIVAC auf den Markt. Die 1950er Jahre waren in diesem technologisch sehr fortschrittlichen Computermarkt geprägt durch die Datenverarbeitungsgeräte von IBM, das in dieser Zeit die folgenden Großrechner in den Markt einführte: IBM 604 (im Jahr 1995), IBM 650 (1956), IBM 305 RAMAC (1959)[46].

Die Entwicklung stand seitdem bekanntlich keineswegs still, was sich sehr deutlich in dem 1965 publizierten Moore'schen Gesetz[47] zeigte, auf das sich die Entwickler in der Prognose und Planung der Leistungsfähigkeit von computergestützten Systemen noch Jahrzehnte später bezogen haben und beziehen. Es ging ungebrochen weiter: 1969 bot IBM mit „IBM Selectric" ein System an, dass die Arbeit von Clericals in Unternehmen unterstützte. Clericals stellten einen eigenen Berufszweig der Büro-Schreibkräfte dar, die in der Regel spezialisiert auf die Erstellung von Schriftstücken waren – ein Berufszweig, den Olympia maßgeblich mitgeprägt hatte. Nur wenige Jahre später wurden sogenannte Word-Processor-Geräte im Markt verfügbar. Diese spezialisierten, computerisierten Systeme, die mit einem Bildschirm und einem Schreibprogramm ausgestattet waren, sollten die Arbeit dieser Clericals effizienter machen. Dafür mussten jedoch stolze 10.000 US-Dollar investiert werden.

Ende der 1970er Jahre entstand eine Gegenbewegung zu dem Trend, spezialisierte Word-Processor-Geräte nur an spezialisierte Büro-Schreibkräfte zu vermarkten. Sie folgte der Vision eines Automated Office, das eine Umgebung beschreibt, in der alle Führungskräfte und Mitarbeiter an Multifunktions-Workstations verschiedene Anwendungsmöglichkeiten besitzen. Diese Geräte sollten zusätzlich untereinander vernetzt sein und Datenaustausch ermöglichen. In diesem Konzept stellt ein Word-Processor kein eigenständiges Gerät, sondern nur eine Funktion unter den vielfältigen Möglichkeiten dar.[48] 1978 kam der „Xerox Alto" für 32.000 US-Dollar (entspricht heute rund 115.000 US-Dollar) auf den Markt, der den ersten Vertreter einer solchen Workstation darstellte. Xerox bot darüber hinaus Laserdrucker, Ethernet-Verbindung und Maus in Verbindung mit dem Gerät an. Diese Vision einer neuen Büroorganisation, in der alle Mitarbeiter schreiben und mit leistungsfähigen und teuren Personal Computern umgehen, wirkte auf die damalige Bürowelt mehr als befremdlich. Das Automated Office setzte sich zu dieser Zeit zwar noch nicht durch[49], der technologische Fortschritt bei Computern verlief — dem Moore'schen Gesetz folgend — über die vergangenen Jahrzehnte aber bekanntlich sehr dynamisch. Zum damaligen Zeitpunkt fand die Marktdurchdringung aber noch nicht in der Masse statt.

Zurück zu Olympia: Wie das Unternehmen bereits mit der frühen Mignon-Geschichte um 1900 bewiesen hatte, verfügte es über die Fähigkeit, am Markt Akzeptanz für neue Technologien herzustellen und neue Prozesse im Büroumfeld zu kultivieren.

Es stellten sich die Fragen: **Wäre Olympia mit der „Omega", die eigentlich bereits 1960 dem Gedanken eines Automated Office folgte, in der Lage gewesen, diesen kulturellen Wandel im Markt durchzusetzen? Olympia vs. Computersysteme: Welche Rolle spielte Olympia in diesem digitalisierten Büroumfeld damals?**

Eine große Chance für Olympia hatte sich bereits in den frühen 1950er Jahren gezeigt. Die Entwicklungen für das Omega-System schienen in ihrer Ausrichtung, verglichen mit den damaligen Playern des Computermarktes, einen andersartigen Pfad zu verfolgen. Die Dimensionen des Systems sind — relativ zu den damaligen Großrechnern (von IBM) — viel zutreffender mit dem Begriff Kleinrechner zu bezeichnen. Es scheint, als wäre die „Omega" in der Historie der Entwicklung von Computern eines der ersten Systeme seiner Art. 1962 beschäftigte die ETL-Versuchswerkstatt von Olympia, in der die „Omega" entwickelt wurde, 125 Mitarbeiter.[50] In diesem Jahr wurde innerhalb des AEG-Konzerns eine für die Weiterentwicklung der „Omega" wegweisende Entscheidung getroffen: Olympia wurde zur Kooperation mit Telefunken, einem Tochterunternehmen von AEG und damit Schwesterunternehmen von Olympia, angewiesen. Dabei sollte Olympia neben Telefunken die Rolle der „Weltmeisterin in der Mechanik" einnehmen.[51] Im Jahr 1964 wurde dann die Abteilungsbezeichnung ETL im AEG-Konzern und damit bei Olympia gelöscht.[52]

Eine weitere große Chance bot sich zu der Zeit der Erfindung der Computermaus, einem Meilenstein in der Computerentwicklung. Am 9. Dezember 1968 stellte Douglas Engelbart in der „Mother of all Demos" der Weltöffentlichkeit den Prototyp eines Personal Computers mit einer Computermaus als Eingabegerät vor. Engelbart gilt damit weithin als Erfinder der Computermaus und als ein großer Vordenker der Bürowelt der Zukunft. Neuere Forschungen haben jedoch Erstaunliches zutage gefördert: Bereits am 9. Oktober 1968, also gut zwei Monate vor Engelbart, veröffentlichte Telefunken in einem Artikel ein sehr ähnliches Computersystem. Das Eingabegerät war eine sogenannte Rollkugel, mit der der Nutzer schnell eine Art Cursor auf dem Bildschirm verschieben, Marken setzen und Informationen verändern konnte. Welches ungeheure Potential steckte in diesem System?! Dass Telefunken das Potential wohl nicht in vollem Maße erkannt hatte, wird daran deutlich, dass die Firma kein Patent zu der neuen Erfindung angemeldet hatte.[53] Daran wird noch einmal deutlich, welche Weitsicht Olympia bereits 1960 bei der Vorstellung der „Omega" bewiesen hatte. In den darauffolgenden Jahren versuchte sich Telefunken, trotz der aufgezeigten Alleinstellungen im Bereich der Kleinrechner am Markt der Großrechner gegen IBM durchzusetzen und scheiterte.[54] Der Markt für Datenverarbeitung wuchs ungebremst weiter.[55]

Es drängten sich die Fragen auf: **Was wurde aus dem Omega-Konzept? Entsprachen die Philosophie und die Richtung der Weiterentwicklung noch den Grundlagen, die bei Olympia gelegt worden waren?**

1970 wurde Kritik an Olympia laut, dass die angebotenen Systeme technische Defizite aufwiesen. Rechenmaschinen auf der Basis von elektromechanischen Funktionsprinzipien gerieten durch elektronische Rechner aus Japan unter Druck.[56] Die „Multiplex 80", eine spezifische Datenverarbeitungsanlage von Olympia, war jedoch durchaus im spezifischen Marktsegment der Datenverarbeitungsanlagen für Banken erfolgreich.[57] Im Jahr 1972 ging Olympia mit dem Unternehmen Matsushita eine Kooperation mit dem Ziel der Entwicklung von Kleincomputern und Datensystemen für das Bankengeschäft ein.[58] 1973 zeigte sich erneut für Olympia eine große Chance, über die ein ehemaliges Olympia-Vorstandsmitglied sagte: „Wir sind auf Erdöl gestoßen, und keiner hat's gemerkt."[59] Der erste europäische 8-Bit-Mikroprozessor „CP 3F" von Olympia wurde vorgestellt und erfolgreich an amerikanische Unternehmen lizenziert.[60]

Dennoch: **Diesen Vorsprung schien Olympia angesichts der Weiterentwicklung von Mikroprozessoren weltweit nicht halten zu können.**

Im Verlauf der 1970er Jahre führten andere Player 16-Bit- und später 32-Bit-Mikroprozessoren in den Markt ein.[61] Gegen Ende dieses von dynamischem technologischem Fortschritt geprägten Jahrzehnts feierte Olympia die Produktion der 4,5-millionsten mechanischen Schreibmaschine.[62] Im starken Kontrast zu dieser beachtlichen Leistung stand der ungebrochene Wandel, der in einer Ausgabe der Computer-Woche 1979 durch die „Mikroelektronische Revolution in den 1980ern" bereits prognostiziert wurde. Die Auswirkungen sollten besonders für die Büromaschinenindustrie bedeutend sein.[63] Angesichts dessen fällt die Feier der 6-millionsten mechanischen Schreibmaschine besonders auf.[64] Sie unterstrich einerseits die hohe Produktivität von Olympia innerhalb des über Jahrzehnte gewachsenen Kerngeschäfts und kontrastierte andererseits das Delta zur Unternehmensausrichtung, verglichen mit dem bereits stattfindenden Wandel moderner Bürowelten. Olympia stellte sich diesem Wandel in den 1980er Jahren und gründete auf Basis des Systems „ES 100" eine eigene Software- und Elektronikgesellschaft.[65]

Im Zuge des technologischen Fortschritts wurde im Zusammenhang mit den späteren Auswirkungen auf Olympia ein weiterer Pfad interessant. Neben der klassischen Schreibmaschine wurden immer mehr Drucksysteme entwickelt, mit denen man den Output eines Computers direkt ausdrucken konnte. Da Drucker zu Beginn für Großrechneranlagen ausgelegt waren, standen dabei zunächst das Drucken von großen Datenmengen und somit eine möglichst hohe Druckgeschwindigkeit im Fokus. Darauf spezialisierten sich Zeilendrucker und Trommeldrucker, die in der Lage waren, eine ganze Zeile mit einem Anschlag zu drucken und eine Druckgeschwindigkeit von über 1.000 Zeilen pro Minute erreichten. Diese Systeme funktionierten ähnlich wie eine Schreibmaschine, bei der vorgegebene Zeichensätze mit Typen auf Papier gedruckt werden können (sogenanntes Impact-Printing).

Im Laufe der Zeit kamen weitere Druckverfahren, wie Laserdrucker und Nadeldrucker, hinzu, und es entstand zunehmend der Bedarf an kostengünstigeren Druckern für kleinere Anwendungen, als sich auch die Computer zunehmend zu kleineren Systemen wandelten und im Büroalltag Einzug hielten. In den frühen Stadien dieser Entwicklung wurden Schreibmaschinen für diese kleineren Anforderungen quasi zweckentfremdet und als Drucker an die Computer angeschlossen.[66] Doch lange Zeit war es mit keinem Drucker möglich, selbst mit keinem Laser- oder Nadeldrucker, eine freie Auswahl an Zeichen oder gar digitale Bilder nach Belieben auszudrucken.

Mit der Entwicklung hin zu den grafischen Benutzeroberflächen (sogenannten GUI, Graphical User Interface) und den ersten Grafikprogrammen entstand jedoch ein neuer Bedarf, die auf dem Bildschirm sichtbaren Inhalte ebenso sichtbar auf Papier zu drucken. Dem standen jedoch zunächst zwei technische Barrieren im Weg: Zum einen fehlt es an Flexibilität und Freiheitsgraden des Schreibwerks, beliebige Inhalte zu Papier zu bringen. Zum anderen gab es ein informationstechnisches Problem, denn die Daten und grafischen Inhalte auf dem PC mussten zu Anweisungen umgewandelt werden, die ein Drucker verarbeiten konnte. 1985 war in diesem Zusammenhang ein bedeutendes Jahr: Adobe veröffentlichte die Programmiersprache PostScript, die digitale Bilder in rasterisierte Druckanweisungen wandeln konnte. PostScript kam 1985 erstmals im Apple-Laserprinter zum Einsatz, wobei der dazu verbaute Druckerprozessor genauso leistungsfähig sein musste wie der im Apple-Computer verbaute Hauptprozessor.[67] 1985 brachte HP einen Tintenstrahldrucker auf den Markt, der mit einem neuartigen Drop-on-Demand-Inkjet-Verfahren Bilder flexibel ausdrucken konnte. HP schien mit diesem Gerät genau den Bedarf der Zeit getroffen zu haben, denn das Gerät hatte überwältigenden Erfolg. Tintenstrahldrucker und Laserdrucker eroberten wenige Jahre später zusammen mit den Personal Computern die Büros und Privathaushalte der Welt, wo sie Schreibmaschinen und bisherige Druckverfahren ablösten.[68]

Erstaunlich ist es, dass Olympia bereits im Jahr 1981 in China einen Textautomaten mit einem hierfür eigens entwickelten integrierten „Düsenschreibwerk", vergleichbar mit einem Inkjet-Drucker, in den Markt einführte.[69] Dieses Gerät war in der Lage, etwa 4.000 verschiedene Schriftzeichen in einem Gerät geräuschlos zu Papier zu bringen.[70] Dies wäre mit einer klassischen Schreibmaschine völlig impraktikabel gewesen. Dieses einzigartige System war ein Meilenstein in der maschinisierten Textverarbeitung für China.[71]

Welche unglaubliche Wirkung hätte ein solch flexibles System für universelle Druckanwendungen in der Verbindung von Personal Computern und grafischen Darstellungen entfalten können?! Technologisch war das Gerät zu seiner Zeit höchst fortschrittlich. Es war ein Mikroprozessor integriert, der zusammen mit einer intelligenten Kodierungs- und Speicherlogik in Verbindung mit einem Düsenschreibwerk eine Vielzahl von Zeichen schnell und komfortabel drucken konnte. Olympia hatte in spezifischen Anwendungsfeldern Herausforderungen gelöst, die andere Unternehmen bis dahin nicht bewältigen konnten. Die Leistungsfähigkeit entfaltete sich jedoch lediglich in einer in sich geschlossenen Lösung – dem Textautomaten. Damit konnte Olympia folglich nicht an die Anwendungen von universellen und offenen Personal-Computer-Systemen anknüpfen. Mit dem „Xerox Alto", den ersten Apple-Computern etc. wurden jedoch die Grundsteine für eine Entwicklung gelegt, in der immer modularere, offen vernetzte und multifunktionale Systeme zur Basis eines Obersystems wurden und in der alle Bürotätigkeiten auf einer höheren Ebene elektronisch verarbeitet und unterstützt wurden.

Technologisch waren die Voraussetzungen geschaffen, in diesem neuen Obersystem eine Führungsrolle einnehmen zu können: Hätte Olympia das Potential des Inkjet-Printings und von Personal Computern bereits früher erkennen können? Die Antwort lautet wohl: Ja, mit der Begründung in der starken Wirkung von noch schwachen Signalen. Rückwirkend betrachtet, ist das Potential der damaligen Technologie von Olympia wohl eindeutig, die Herausforderung bestand jedoch damals und besteht auch heute für jedes Unternehmen darin, frühzeitig Zukunftsentwicklungen zu erkennen.

Ein Beispiel für ein frühes schwaches Signal hätten auch einige Lead-User sein können. Das Bedürfnis zur Abbildung von Grafiken, die über das Format von einer Schreibmaschinen-Type, sprich Zahlen und Buchstaben, hinausgingen, zeigte sich bereits sehr früh im Umfeld von „Typewriter-Art". Lead-User versuchten bereits im frühen 20. Jahrhundert, durch die gezielte Platzierung von Typen auf einem Blatt eine Grafik darzustellen, die bei großem Abstand des Betrachters zum Blatt deutlich sichtbar wird (siehe Schreibmaschinengrafik mit Lupe in Abbildung 8). Diese Entwicklung war ein erster Hinweis auf ein Bedürfnis im Markt für neue Funktionen. Mit einer entsprechend unternehmerischen Haltung ließ sich hier wohl – analog zur Entwicklung der kommerziellen Schreibmaschinen, initiiert durch Emil Rathenau – ein deutliches wirtschaftliches Potential erkennen. Dieses Bedürfnis wurde wohl erst nach mehreren Jahrzehnten durch neue Drucktechnologien wie Inkjet mit „neuen technischen Freiheitsgraden" adressiert.

In den 1980er Jahren, als sich die Entwicklung der Personal Computer schon klar abzeichnete, versuchte Olympia, mit dem Digitalisierungstrend Schritt zu halten. 1980 veröffentlichte Olympia das „Boss"-Mikrocomputersystem, das in Fachkreisen jedoch aufgrund seiner Kompatibilität und Handhabung kritisiert wurde.[72] 1983 folgte der „People"-16-Bit-Mikrocomputer. Nahezu zeitgleich hielt im Segment der elektronischen Schreibmaschine der Preisverfall Einzug.[73] 1987 folgte die Vorstellung von „Desktop-Publishing-Systemen für das rechnergesteuerte Setzen von Dokumenten, Texten und Bildern mit Hilfe von Desktop-Computern, der entsprechenden Software und einem Drucker".[74] Von Wettbewerbern war dieses System jedoch bereits zwei Jahre zuvor eingeführt worden. Damit war das Ende von Olympia besiegelt. 1995 trennte sich

AEG endgültig von Olympia, die Vertriebsrechte für Deutschland und die Markenlizenz gingen an Heinz Prygoda, einen langjährigen Vertriebspartner.[75]

Nach diesem Einblick in den Fortschritt und den Wandel innerhalb der Welt der Bürotechnik bleibt festzuhalten, dass die Schreibmaschine und damit Olympia von 1900 bis 1960 entscheidend zur Steigerung der Effektivität von Geschäftsvorgängen beigetragen haben. Im Zuge dieser Entwicklung bildeten sich in den Unternehmen zunächst spezifische Berufszweige, um die anfallende Schreibarbeit zentralisiert abzuarbeiten. Frühe Visionen des Automated Office zeigten sich schon in den 1950er Jahren, die eine neue Art der computergestützten Interaktion zur vernetzten Leistungssteigerung prognostizierten. Jedoch erfuhr das Büroumfeld noch keinen grundlegenden Wandel. Ändern sollte sich dies schließlich mit der Einführung multifunktionaler Workstations für das professionelle Umfeld und später für Personal Computer. Features wie Grafik, Speicher und Netzwerk bildeten in Kombination mit spezieller Bürosoftware wie LotusNotes über die Jahre einen neuen Standard und revolutionierten, ähnlich wie damals die Schreibmaschine von Olympia, die Büroprozesse und die damit verbundenen Büroorganisationen. Das Wachstum ist ab den 1990er Jahren bis heute nichtlinear.

Olympia hat aus Sicht klassischer Schreibmaschinenhersteller vieles richtig gemacht. Aus Sicht der jeweiligen Experten wurden die für **die Branche logischen und zweckmäßigen Produkte** in den Markt eingeführt. Ein typischer Fall für lineares Weiterentwickeln. Im Prototypen-Stadium und für Messeneuheiten ging Olympia noch weiter. Es wurden **Lösungen vorentwickelt, die einem Abbild der später einsetzenden Zukunft gleichkamen. Wieso konnte Olympia davon nicht nachhaltiger profitieren?** Ein nicht zu unterschätzender Faktor ist die Frage nach dem gemeinsam getragenen Zukunftsbild eines Unternehmens. Innerhalb des Konzerns wurden Olympia wohl als die „Mechanik-Fraktion" und Telefunken als die „Speerspitze gegen IBM" angesehen. Schade, dass die Aktivitäten von Olympia bei Telefunken nicht zu Konzern-Markterfolgen weitergeführt werden konnten.

Als außenstehender Betrachter kann man nur erstaunt sein, wenn man sich die mehrmaligen und frühzeitigen Entwicklungsansätze von Olympia in den vergangenen Jahrzehnten vor Augen führt (siehe Abbildung 8). Im Kontrast zum Ausgang der unternehmerischen Situation von Olympia in den 1990er Jahren steht wohl die einzigartige Fähigkeit der Olympia-Mitarbeiter, den eigenen technischen Hintergrund immer wieder zu hinterfragen, um auf Basis von neuen Perspektiven nahezu pionierhaft neue Ansätze zu finden. Seien es das Kleincomputer-ähnliche Datenverarbeitungssystem „Omega", der erste europäische 8-Bit-Mikroprozessor „CP3F", der Tintenstrahldrucker mit der dazugehörigen Software oder weitere beeindruckende Entwicklungen. Sie alle spiegeln den innovativen Geist der Olympia-Mitarbeiter über Jahrzehnte hinweg wider und sollten als beispielhafte Errungenschaften in Erinnerung bleiben.

Um zukunftsfähig zu sein, scheint es jedoch mehr zu brauchen: Die kontinuierliche Neuorientierung in sich ständig dynamisch wandelnden Umfeldern und die Erkenntnis über Chancen und Risiken aus diesen Veränderungen für das eigene Unternehmen reichen offenbar nicht aus. Bereits die Evolution zeigte, dass Veränderungen der Umgebung auch jede Spezies herausfordern, den eigenen Veränderungsprozess zur Sicherung des Überlebens zum Kern des eigenen Wesens zu machen.[76]

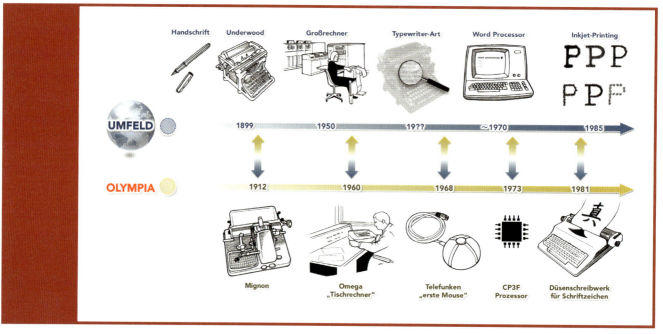

Abbildung 8: Olympia-Entwicklung in Relation zum Büroumfeld *Quelle: Eigene Darstellung in Anlehnung an Schmid, 2008*

2.6 Zukunftsfähigkeit erfordert Innomorphose als Kernprozess im Unternehmen

Zahlreiche Unternehmen unterhalten eigene Innovationsmanagement-Organisationen, deren Kernkompetenz in der Ausreizung des bestehenden Geschäftsmodells zu liegen scheint. Doch für die Entwicklung neuer Branchen- und damit Wettbewerbslogiken reicht Management allein nicht aus. Erreichen wir durch Innovationsmanagement — also das Verwalten von Ideen — bahnbrechende Ergebnisse oder bleiben dabei zukünftige Resultate nicht doch eher nahe am Gewöhnlichen? Das soll nicht heißen, dass für kurzfristige wirtschaftliche Erfolge Innovationsmanagement keinen wertvollen Beitrag leisten kann. Im Gegenteil — für Operational Excellence ist es sogar zwingend erforderlich! Doch reicht es auch für Innovation-Leadership? Entspricht Innovationsmanagement dem Optimieren oder einem gezielten Verschieben von Leistungsgrenzen?

Mit dem einführenden Kapitel wurden wesentliche Herausforderungen und Muster für Zukunftsfähigkeit adressiert. In der Management-Literatur gibt es zahlreiche Case-Studys, die einzelne Aspekte dieser Herausforderungen aufgreifen. Bisher nicht bekannt ist ein umfassender Ansatz, der sowohl eine wissenschaftliche Basis als auch operationalisierbare Modelle für die Gestaltung eines systematischen Zukunftsbearbeitungsprozesses bietet.

Der folgende Aufbau des Buches konzentriert sich auf die vier Kernfragestellungen des sogenannten Innomorphose-Prozesses (siehe Abbildung 9), der die Stärken von Operational Excellence und Innovation-Leadership zu einer neuen Synergie führt, der Innovation-Excellence!

Zunächst stellt sich die Frage: Wie können systematisch Sichten so eingenommen werden, das neue Zusammenhänge sichtbar gemacht werden können? Das Beispiel des Unternehmens Olympia zeigt, dass es ganz normal ist, dass jede Sicht für sich allein gesehen nahezu ausgereizt ist. Es erfordert, das Know-how aller Beteiligten in einen neuen Kontext zu setzen, um richtungsweisende, neue Fragestellungen erkennen zu können. Es geht darum, den Fokus vom „hochgelobten" Know-how hin zu einem neuen Know-why zu verschieben. Dabei stellt sich jedoch grundlegend die Frage:

> **Wie lässt sich Orientierung für nachhaltige Zukunftsfähigkeit generieren?**

Neues Know-why entsteht, wenn der bekannte Beziehungsrahmen einer Expertensicht mit neuen Perspektiven angereichert oder — schärfer formuliert — sogar konstruktiv konfrontiert wird. Doch wie können neue Fragen systematisch gestellt werden? Wie können Grundmanifeste einer Branche durch „Insider" in

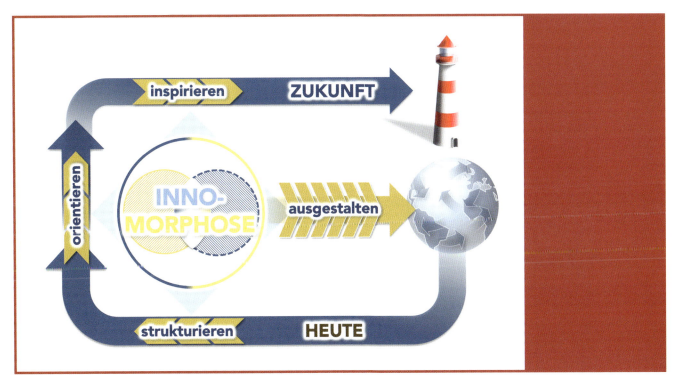

Abbildung 9: Kernfragen des erfolgreichen Wandels

Quelle: Eigene Darstellung

Frage gestellt werden – und dies gerade dann, wenn sie über tiefes Branchenwissen und damit fundiertes Wissen um die harten Grenzen verfügen? Einige Kreativitätstechniken sind in Unternehmen weitverbreitete Maßnahmen, wenn es darum geht, den Innovationstrichter mit möglichst vielen Ideen zu füllen. Dieses Vorgehen erreicht jedoch Grenzen, wenn es um die Inspiration für zukunftsweisende Richtungen mit dem notwendigen Maß an Ergebniszuverlässigkeit geht. Außerdem entspricht die Kreation von zahlreichen Alternativen nicht dem Muster erfolgreicher Entwicklung. Diese verläuft mit mehr Orientierung (siehe Abbildung 9).

> **Wie also lassen sich zukunftsweisende Veränderungsansätze inspirieren?**

Dazu reichen klassische Analysen mit logischen Erkenntnissen nicht aus. Ausbrechen aus bestehenden Pfaden erfordert analytische Kreativität. Dabei können versteckte Erfolgsmuster der Entwicklung als strategische Orientierungsmittel dienen, um Denkrichtungen anzuregen, die systematisch den klassischen Denkrahmen verlassen. Es ist ganz natürlich, dass zwischen der Situation des Heute und einer radikal idealen Zukunft ein Delta existiert. Wir benötigen Denkweisen, um dieses Delta, das aus unserer heutigen Sicht durch eine logisch begründbare Barriere beschrieben wird, zu überwinden. Diese Denkweisen wiederum werfen in der Regel Fragestellungen auf, die aus Sicht der heutigen Logik unglaubwürdig erscheinen. Wie kann es auf dieser Basis möglich sein, den Weg in die Zukunft zu erarbeiten? Hier ist es sinnvoll, das Delta konstruktiv handhabbar als eine Logikbarriere zu beschreiben. Es geht darum, diejenigen Ziele zu ermitteln, die einerseits erstrebenswert wären, sich andererseits aber in einem spannungsgeladenen Zielkonflikt befinden. Die Herausforderung besteht darin, die logische Abhängigkeit zu erarbeiten, die aus heutiger Sicht den entscheidenden Hinderungsgrund für die gleichzeitige Zielerreichung darstellt. Genau diese Kenntnis kann die Orientierung für bedeutende Zukunftspotentiale bilden. Sind einmal die Perspektiven eines Widerspruchs erkannt, so können auf dieser Basis neue Fragen gestellt werden. Die Auflösung dieses Widerspruchs bildet einen neuen Kristallisationspunkt, der weg von der heute akzeptierten Branchenlogik hin zu neuer Leistungsfähigkeit führt (siehe Abbildung 9). Wie kann es dann gelingen, den maximalen Nutzen zu erschließen? Wie muss ein Team organisiert und aufgestellt sein? In welchem kulturellen Rahmen sind fundamentale Veränderungsprozesse möglich?

> **Wie lassen sich Transformationsprozesse zur Erschließung der Zukunft gestalten?**

Das klassische Muster des kontinuierlichen Wachstums erreicht bei Innovation seine Grenzen. Es geht darum, neue Regeln aufzustellen, wobei sowohl die klassischen Organisationsmodelle als auch die üblichen Ablaufprozesse umfassend neu definiert werden müssen. Die zukünftige Logik ist eine andere. Das gesamte System muss letztlich neu gedacht und gleichzeitig koordiniert an die neu definierte Logik angepasst werden. Es ist die Herausforderung aller am Wettbewerb Beteiligten, über die Zukunft nachzudenken. Damit ist es ebenso unwahrscheinlich, dass offensichtliche Denkrichtungen und Neuerungen noch nicht als solche erkannt wurden. Umso größer ist die Notwendigkeit, radikale und disruptive Innovationsansätze für das eigene Unternehmen zu gestalten. Vor dem Hintergrund von grundlegendem Wandlungsbedarf stellt sich letztlich die Frage, wie sich die Zukunft im Sinne einer traditionserhaltenden Erneuerung nachhaltig erschließen lässt.

> **Wie lässt sich auf dieser Basis Innomorphose vorantreiben?**

Die Zukunft stellen wir uns häufig aus unserem heutigen Blickwinkel vor, wodurch Zielkonflikte nicht auflösbar erscheinen. Stattdessen ist es vielversprechender, sich zunächst ein Bild von einer radikal idealen Zukunft zu erschaffen (siehe Abbildung 9). Wenn wir dann Entwicklungsrichtungen von der Zukunft aus rückwärts denken und an unserer bestehenden Situation reflektieren, führt das zu neuen Einschätzungen, die von der Einschränkung des heutigen Expertenwissens befreien und weg von Kompromissen führen. Im dominierenden mechanistischen Denkrahmen würden wir nun im Sinne der Aristoteles'schen Logik nach Kompromisslösungen suchen, die das eine Ziel möglichst erfüllen, ohne dabei das andere zu stark zu vernachlässigen. Jedoch bleibt jeder Kompromiss ein fauler Kompromiss, da am Ende keines der Ziele vollständig erfüllt werden kann.

Unternehmen mit dem Anspruch auf Zukunftsfähigkeit müssen im Spannungsfeld zwischen den Optimierungsregeln von heute und den neuartigen kundenorientierten Kriterien der Zukunft eine Synthese bilden (siehe Innomorphose in Abbildung 9).

> **Innomorphose: Zukunftsfähigkeit erfordert Widerspruchslösungen für Innovation-Leadership vs. Operational Excellence.**[77]

Take away

Woran können sich Innovatoren für eine erfolgreiche Weiterentwicklung orientieren? Die Natur hat über Jahrmillionen erstaunliche Lösungen hervorgebracht. Es ist ein Grundmuster der Evolution, dass stochastische Variation mit einem anschließenden Selektionsprozess („survival of the fittest") vorgesehen ist, um Entwicklung an sich zu realisieren.[78] Die Natur hat einen noch radikaleren Wandlungsprozess erschaffen, die Metamorphose (siehe Abbildung 10). Die Metamorphose kann als Inspirationsquelle für einen unternehmerischen Wandlungsprozess dienen. Denn es ist die Herausforderung für Innovatoren, den Wandel schneller, orientierter, reproduzierbar und wirtschaftlich erfolgreich zu organisieren.

> Mit der Metamorphose hat die Evolution den Code programmiert, der aus einer kriechenden, fressenden, krabbelnden Raupe einen wunderschönen, unbeschwert flatternden Schmetterling werden lässt (siehe Abbildung 10). Die Raupe hat vordergründig nichts mit dem Schmetterling zu tun. Trotzdem ist im Endstadion der Raupe der Schmetterling bereits vorhanden. Er ist nur unsichtbar und kann seine Wirkung noch nicht entfalten. Es ist die Metamorphose, die aus dem Gleichen etwas grundlegend Neues dadurch erschafft, dass ein neuer Kontext entsteht.

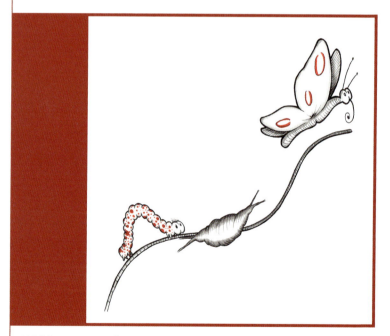

Abbildung 10: Transformation durch Metamorphose *Quelle: Eigene Darstellung*

Nach welchen Mustern könnte eine Innomorphose verlaufen? Durch die heutige Auseinandersetzung mit der Zukunft können radikale Visionen frühzeitig mit den bestehenden Erfolgsmustern konfrontiert werden. Das Lösen von der Pfadabhängigkeit führt zu Spannungsfeldern, die die dominante Branchenlogik herausfordern. Glauben wir an die allgemein anerkannten Regeln, werden bahnbrechende Denkrichtungen verhindert. Innovationen werden so systematisch unterdrückt. Ein „Mehr für Mehr" (inkrementelle Weiterentwicklung) wird nicht als innovativ wahrgenommen, da weiterhin die Logik des bisherigen Wettbewerbs bestehen bleibt. Radikale Innovationen hingegen werden durch widerspruchsorientiertes Denken systematisch provoziert. Die Formulierung von paradoxen Herausforderungen geht an dieser Stelle über reine Kreativität hinaus. Denn die richtig gestellte Frage ist mehr als die halbe Lösung. So revolutionierte Fosbury durch eine neue Denkweise, eine herausfordernde Sicht auf die Grenze des Erreichbaren, den Hochsprung.

Ein grundlegendes Muster von Höherentwicklung ist die Schaffung von neuen Freiheitsgraden. Das Zulassen von Flexibilität an Stellen, wo bisher starre Abhängigkeiten definiert waren, schafft neue Leistungsfähigkeit. Locker gebundene Systeme sind ein Grundprinzip für stabile und robuste Systeme.[79] Die systematische Suche nach neuen Freiheitsgraden muss auf Basis eines interdisziplinären, umfassenden und gleichzeitig fokussierenden Prozesses erfolgen. Er muss einerseits Raum für die Inspiration neuer Ideen bieten und andererseits eine Unternehmensrelevanz wahren. Die Interdisziplinarität schafft auf Basis der vielfältigen Informationen das Potential für ein gemeinsames Zukunftsbild.

3 Wie orientieren?

Unternehmen, die es schaffen, ihre Zukunftsfähigkeit über lange Zeiträume hinweg nachhaltig zu gestalten, fahren nicht nur auf Sicht. Sie sind mit ihrem Zukunftsbild ihrer Zeit mehrere Generationen voraus. Die Auseinandersetzung mit der Zukunft, ganz gleich ob persönlich oder innerhalb einer Gruppe, hängt zum einen von der persönlichen Orientierung der Beteiligten und zum anderen von der Resonanz ab, die das Team mit der gesamten Organisation erlangen kann. Zukunftsgestalter schaffen es dabei, zu ihren bestehenden Erfolgsmustern von heute eine entscheidende Distanz zu waren. Wie äußert sich dies? Sie verfügen über die Selbsterkenntnis, dass der Erfolg eines bestehenden Geschäftsmodells zeitlich befristet ist, und begeben sich auf dieser Basis frühzeitig auf die Suche nach möglichen neuen Einflussfaktoren, um ihren Erfolg von heute zu nutzen, sich für die Zukunft zu stärken. Dazu ist es notwendig, den eigenen Denkrahmen systematisch auszuweiten (siehe Abbildung 11). Unabhängig davon, ob diese Zukunft deutliche Veränderung bedeutet, stellen sie die Frage: „Was müssten wir getan haben, um unser Geschäftsmodell von heute maximal selbst zu gefährden?" Wenn die Antwort auf diese Frage aus Sicht der Interessensgruppen und der Ethik sinnvoll ist, dann bleibt Innovatoren ausreichend Zeit, um ein derartiges Zukunftsszenario umfassend auszugestalten.

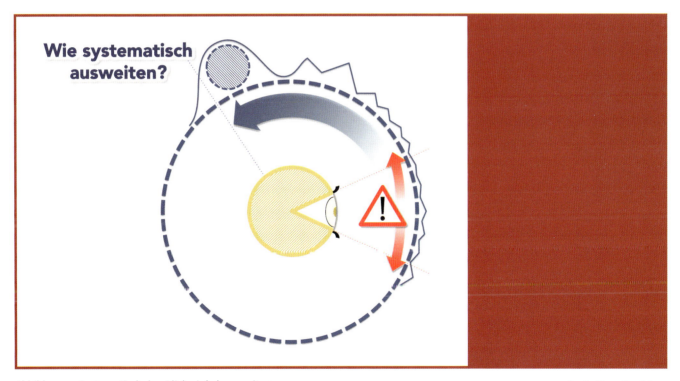

Abbildung 11: Systematisch den Blickwinkel ausweiten

Quelle: Eigene Darstellung

Die Auseinandersetzung mit Zukunftsperspektiven ist jedoch keineswegs trivial, speziell dann, wenn die aktuelle Geschäftsgrundlage bzw. Branchenlogik gerade selbst einen Umbruch erfährt. Das Beispiel Olympia zeigt, wie schwierig es ist, Potentialfelder außerhalb des heutigen Geschäftskerns aufzugreifen (siehe Abbildung 11).

3.1 Perspektivenausweitung durch interdisziplinären Diskurs

Der Ausgangspunkt für die Suche und die Erarbeitung von Zukunftspotentialen definiert sich (in der Regel) durch den Betrachter bzw. ein Team, das sich mit der Herausforderung beschäftigt. Jeder einzelne Beteiligte bringt im Rahmen der Auseinandersetzung spezifische Sichten mit in die Diskussion ein (siehe Abbildung 12).

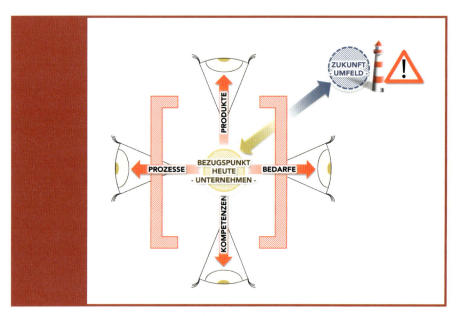

Abbildung 12: Die Suche nach neuen Einflussfaktoren außerhalb bestehender Erfolgsmuster
Quelle: Eigene Darstellung

Ein entscheidender Erfolgsfaktor ist die Vielfältigkeit dieser Sichtweisen. Nur das Neu-Verknüpfen von Perspektiven, wie beispielsweise Kompetenzen, Prozesse, Bedarfe und Produkte in Relation zueinander stehen, kann zu neuen Erkenntnissen führen. Unabhängig davon, ob Informationen recherchiert wurden oder eigene Untersuchungen zugrunde gelegt werden, unterliegen die Auswahl und vor allem die Interpretation der Beiträge zur Zukunftsgestaltung subjektiven Wertungen. Es liegt eine subjektive Begründung dafür vor, warum bestimmte Perspektiven eingebracht und zugelassen werden. Die Haltung ist maßgeblich durch die persönliche, individuelle Lebenserfahrung geprägt. Damit wird auch deutlich, warum es einzelnen Personen schwerfallen kann, neue Erkenntnisse zu entwickeln. Je gefestigter das Wissen über aktuelle Chancen und Barrieren ist, desto schwerer fällt es, den Rahmen der persönlichen Überzeugungen zu hinterfragen und zu überwinden.

> „Daher ist die Aufgabe nicht sowohl, zu sehen, was noch keiner gesehen hat, als, bei dem, was jeder sieht, zu denken, was noch keiner gedacht hat."[1]

Aus stets konstanten Betrachtungsperspektiven ist es unmöglich, neue Sichten für die Zukunft aufzubauen. Neue Synthesen können nur entstehen, wenn Expertisen aus einer Perspektive mit den Erfahrungen aus anderen Gebieten zu einer neuen Erkenntnis geführt werden. Solche Herausforderungen können durch die Arbeit in interdisziplinären Teams bewältigt werden. Dabei geht es nicht darum, zu klären, welche neuen Informationsgrundlagen richtig oder falsch sind, sondern es geht vielmehr darum, ein neuartiges, gemeinsam erstelltes und getragenes Zukunftsbild der eigenen Organisation zu gestalten (siehe Abbildung 12). Je facettenreicher und ungewöhnlicher die dazu herangezogenen Informationen sind, desto inspirierender können die neu gewonnenen Einschätzungen sein.

> **Starke Wirkung schwacher Signale.[2]**

Tauschen Experten eines Fachgebietes unter sich Neuigkeiten aus, werden diese anhand branchenüblicher Kenntnisse bewertet. Damit gelangen Experten voraussichtlich zu einem wenig überraschenden Fazit. Diese Einschätzung wiederum bestätigt — im Sinne eines selbstverstärkenden Systems — die bisherigen Überzeugungen der Experten. Was passiert dabei? Durch das gemeinsame Fachwissen beurteilen homogene Gruppen Informationen anhand eines homogenen Bezugssystems. Damit ist auch das zu erwartende Fazit eine lineare Fortschreibung des bisher Bekannten. Wird diese Homogenität durch Außenseiter gestört, wird das geteilte Wissen am Hintergrund differenzierter Expertisen, also aus unterschiedlichen Perspektiven reflektiert. Erst so werden objektive Schlussfolgerungen möglich. Dies stellt vor allem an die Moderation von Diskussionen hohe Anforderungen. Diesen Gedanken muss bewusst ein Forum geschaffen werden — ein Forum, das mehr das aktive Reifen von rohen Gedanken unterstützt als deren passive Begutachtung. Allen muss bewusst sein, das weniger die präsentierten Fakten als vielmehr die anschließende Diskussion um ein gemeinsames Fazit den entscheidenden Mehrwert bringt. Daher sind es häufig die vermeintlichen Außenseiter, Laien oder Newcomer, die neuartige Impulse durch andersartige Bezugssysteme geben können. Für die Inspiration zukunftsträchtiger Lösungen ist die ungewöhnliche Sicht auf neue Facetten wichtiger als die Bestätigung von Bekanntem. Zukunftsdiskussionen erfordern die Aufnahme von möglichst unterschiedlichen Perspektiven zum gleichen Betrachtungsobjekt (siehe Abbildung 12). Daher ist die Heterogenität eines Teams für neue Erkenntnisse wichtiger als der alleinige Expertenaustausch.

> **Jede Außenseitersicht, angeregt mit Fachwissen,
> bereichert den Innovationsprozess!**

Im Kontext hochdynamischer Umfelder erfordert Entwicklungsorientierung wesentlich mehr Betrachtungsperspektiven. Auf eines sei an dieser Stelle noch hingewiesen: Die Formulierung eines gemeinsamen, ungewöhnlichen Fazits setzt eine zukunftsorientierte Geisteshaltung aller Beteiligten voraus. Neuartige Perspektiven stehen konträr zur Lebenserfahrung der Experten, daher bedarf es einer gemeinsam getragenen Kultur — einer Kultur, die dazu verpflichtet, so lange am gemeinsamen Fazit zu arbeiten, bis das Knowhow aller zu einem neuen Zukunftsbild integriert wurde. Selbst wissenschaftliche Experten stehen vor den gleichen Herausforderungen. Kuhn beschreibt, wie sich in wissenschaftlichen Gemeinden uniforme Denkweisen und Erklärungsmodelle ausprägen.[3] Im Zuge von Krisen werden sie mit Problemen konfrontiert, die sie mit ihren konventionellen Denkmodellen nicht mehr erklären können. Pietschmann hat in diesem Zusammenhang den grundlegenden Wandel durch die Quantenphysik beschrieben.[4] Neue Denkweisen erlauben es den Wissenschaftlern schließlich, neue Erscheinungen und Fragestellungen zu formulieren, obwohl sie weiterhin mit den vertrauten Instrumenten auf bekannte Probleme blicken.

3.2 Das Spannungsfeld traditionserhaltender Erneuerung

Die Suche nach Geschäftspotentialen spielt hier eine entscheidende Rolle. Sie orientiert sich für ein Unternehmen an dem Feld, das durch die explizit formulierte Vision und die implizit vorherrschenden Rahmenbedingungen für Geschäftsaktivitäten beschrieben ist. Innerhalb dieser Leitplanken bewegen sich in der Regel alle Bemühungen zur Erhaltung des bestehenden bzw. zur Begründung des zukünftigen Geschäftserfolgs. Gleichzeitig definieren die getroffenen Annahmen einen Bezugsrahmen, der besonders für die Förderung von Operational Excellence geeignet ist.

Hansjürgen Linde empfiehlt, sich bewusst vom bestehenden Bezugssystem zu lösen und für die Erarbeitung von zukunftsorientierten Potential-Perspektiven gezielt fachfremde Sichtweisen einzunehmen.[5] Nach Linde ist dies grundlegend für die Fähigkeit, neue Richtungen wahrnehmen zu können, bietet jedoch zugleich nur wenig Orientierung, wie der Prozess gestaltet werden kann. Wissenschaftlich gesehen nimmt der bestehende Bezugspunkt lediglich eine bestimmte Abstraktionsebene in einem übergeordneten Bezugssystem ein.

> „Das Subjekt muss sich, bedingt durch den Widerspruch zwischen der ‚Unendlichkeit' des Objektes und der Begrenztheit seines eigenen Erkenntnisvermögens, gemäß seiner individuellen und gesellschaftlichen Voraussetzungen gedanklich und/oder experimentell ein Objekt schaffen, das der Erkenntnis zugänglich ist. Das bedeutet eine Negation des Objektes. Die Erscheinung wird nicht in ihrer ursprünglichen, sondern in einer der Erkenntnis zugänglichen Verfassung verschiedenen Erkenntnishandlungen unterworfen."[6]

Abstraktion ist dabei Fluch und Segen gleichzeitig. Abstraktion ist die Ursache für die Einschränkung unserer Sichtweise und damit für die Fokussierung auf unser bestehendes Kerngeschäft. Jedoch bietet Abstraktion auch die Chance, auf neue Perspektiven auszuweiten (siehe Abbildung 13). Um gezielt Einfluss zu neh-

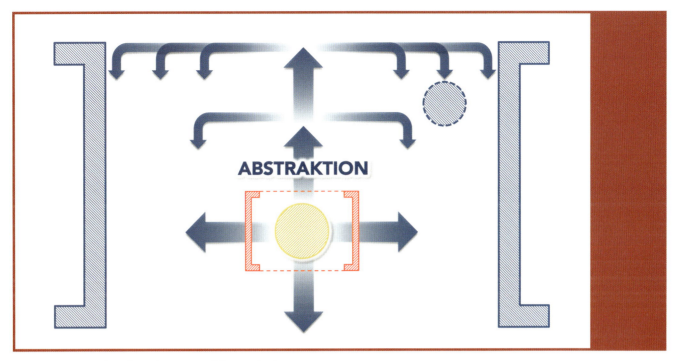

Abbildung 13: Die Abstraktion in Bezug auf den Denkrahmen   Quelle: Eigene Darstellung

men, müssen wir daher den Prozess der Abstraktion genauer betrachten. Die Abstraktion ist ursprünglich auf Aristoteles zurückzuführen. Sowohl bei Aristoteles als auch in der späteren wissenschaftlichen Auseinandersetzung gibt es verschiedene Nuancen, Abstraktion zu interpretieren. Grundsätzlich ist diesen Interpretationen gemeinsam, dass Abstraktion das selektive Wahrnehmen von Objekten der Realität ist. Selektiv bedeutet das Weglassen von Elementen, die man nicht als wesentlich erachtet. Die Bewältigung der Komplexität der Welt lässt uns keine andere Möglichkeit, als unbewusst und kontinuierlich zu abstrahieren. Auf diese Weise konstruiert sich jeder seine individuelle Realität. Die Gefahr besteht darin, dass wir unsere abstrahierte Realität als die Wirklichkeit wahrnehmen und dabei, ohne es zu merken, das Bewusstsein für andere Perspektiven der Wirklichkeit verlieren. Um dies zu vermeiden, suchte bereits Platon nach der idealen Form.[7]

Unternehmerische Orientierung erfordert daher eine bewusstere Abstraktion, die den freien Umgang mit mehr Perspektiven zulässt. Um sich in der Vielfalt der möglichen Perspektiven nicht zu verlieren, benötigen wir strategische Orientierungsmittel. Unternehmen mit dem Anspruch, ihr Geschäft auf eine neue Evolutionsstufe zu heben, sollten sich an fortschrittlichen Entwicklungsrichtungen orientieren.

Durch diese Orientierung und indem geeignete Abstraktionsstufen der ursprünglichen Aufgabenstellung festgelegt werden, kann die Analogieweite gezielt erweitert werden, um potentialreiche Zusammenhänge zu finden.

Beispiel: Dahle

Gedankenexperiment: Was stört Sie an einem Aktenvernichter, was sollte weiterentwickelt werden? Notieren Sie sich jetzt Ihre persönliche Top-5-Liste, bevor Sie weiterlesen.

1. _____
2. _____
3. _____
4. _____
5. _____

Es liegt nahe zu kritisieren, dass Aktenvernichter zu langsam sind, nicht so viel Papier aufnehmen können, ständig verstopft sind und immerzu entleert werden müssen. Im Sinne von zukunftsorientierter Innovation ist hier eine entscheidende Stelle, denn: Jede Aufgabe ist falsch, es fragt sich nur, wie falsch?! Innovatoren dürfen nicht mit voller Energie an der besten Lösung zur völlig falschen Aufgabenstellung arbeiten!

> *„Bei der Suche nach Innovationspotentialen an Aktenvernichtern war in einem WOIS-Projekt mit der Firma Dahle 1994 die Suche nach einem Oberziel, d.h. dem übergeordnetem zukünftigen Kundenbedürfnis, der Auslöser für eine Geschäftsfeldinnovation. Die Analyse wurde vom Aktenvernichter mit der Funktion ‚Papier zerkleinern' auf die Verschiebung der Handlungen bei Datenverarbeitungsprozessen erweitert. Die Analyse hat damals gezeigt, dass für die erfolgreiche Suche nach Innovationspotentialen nicht nur die Datenvernichtung eine Rolle spielt, sondern der gesamte Prozess der Datenerzeugung, -verarbeitung, -speicherung und -vernichtung. Besonders wichtig wurde zu wissen, wie Daten in Zukunft gespeichert werden. Dabei wurde schnell klar, dass besonders CDs eine große Rolle spielen könnten. So wurde der erste CD-Vernichter mit WOIS entwickelt. Durch die Firma Dahle wurde dieser CD-Vernichter auf den Markt gebracht und erfolgreich auf der Hannover Messe präsentiert."[8]* (siehe Abbildung 14).

Abbildung 14: Der CD-Vernichter von Dahle   Quelle: Eigene Darstellung

Die Innovatoren stellten damals die Frage: Was ist der beste und radikal ideale Aktenvernichter? Der Perspektivenwechsel hin zur funktionalen Orientierung, dem sogenannten Job-to-be-done, brachte den entscheidenden Impuls. Mit der Erkenntnis, dass Daten in Zukunft auf eine andere Art und Weise sicher gehandelt und vernichtet werden, wurde aus der reinen Entwicklungsaufgabe ein Datensicherheitssystem für moderne Speichermedien. Das Ergebnis war der weltweit erste CD-Vernichter!

> *„Erst aus der Distanz werden oft neue Dinge sichtbar. WOIS regt dazu an, gegebene Aufgabenstellungen zu abstrahieren und systematisch neue Geschäftspotentiale zu erarbeiten."*
> Dipl.-Ing. (FH) Henry Asmussen, Werkleiter Rödental, Novus Dahle GmbH & Co. KG

Durch Abstraktion können relevante Perspektiven außerhalb des heute üblichen Bezugsrahmens identifiziert und auf das eigene Feld übertragen werden. Untersuchungen dieser Perspektiven können Trends aufdecken, die heute zunächst nur als schwache Signale in einem angrenzenden Bereich vorhanden sind, zukünftig aber auch für das eigene Tätigkeitsfeld starke Wirkungen entfalten können. Die Auseinandersetzung mit schwachen Signalen erscheint diffus und birgt die Herausforderung, dass die Auswirkungen auf das eigene Feld durch die intensiven Vernetzungen nicht abschätzbar sind. Die Übertragung erfordert Abstraktion und eine kognitive Transformationsleistung. Ohne den Schritt der Konkretisierung für das eigene Feld bleibt die Analogie für Fachexperten fremd. Das Bezugssystem kann nicht mit dem des eigenen Feldes in Einklang gebracht werden. Gelingt es in der Diskussion nicht, offene Fragen — die durch die Verschiebung des Bezugsrahmens zwangsläufig entstehen — zu beantworten, so liegt es nahe, dass der Fokus auf die Weiterentwicklung von Bekanntem zurückfällt.

3.3 Mit Abstraktion und Intuition Zukunftsbilder entwickeln

Im Kontext der Zukunftsgestaltung ist das Abstraktions- und Transformationsvermögen des beteiligten Teams entscheidend. Je häufiger die Bezugsperspektive und das Abstraktionsniveau gewechselt werden, desto wahrscheinlicher können Analogien übertragen werden. Dieser Prozess kann jedoch nur dann zum Erfolg führen, wenn sich alle auf die ungewöhnliche Natur der interdisziplinären Auseinandersetzung einlassen und der Wille zur Analogiefindung ausgeprägt ist. **Der Prozess erfordert ein hohes Maß an Bereitschaft, sich auf Ungewöhnliches einzulassen!**

Analogiebildung geht so weit, dass die erfolgreiche Umsetzung neu erkannter Ansätze üblicherweise eine Neugestaltung des gesamten Geschäftsmodells erfordern kann. Das Beispiel Olympia zeigt dies sehr klar: Olympia hat immer wieder neue Chancen durch die Entwicklung moderner Technologien erkannt. Es wurden Prototypen veröffentlicht, die jeweils das Potential hatten, die Welt der Büroabläufe grundlegend zu revolutionieren, so wie es Olympia mit der Schreibmaschine gelungen war. Die vom Mutterkonzern vorgegebene Übertragung der Ansätze in die Welt der Mechanik, also die Transformation des Erkannten zurück in das klassische Bezugsfeld der Kernkompetenzen von Olympia, konnte den unternehmerischen Erfolg nicht nachhaltig sichern (siehe Abbildung 15).

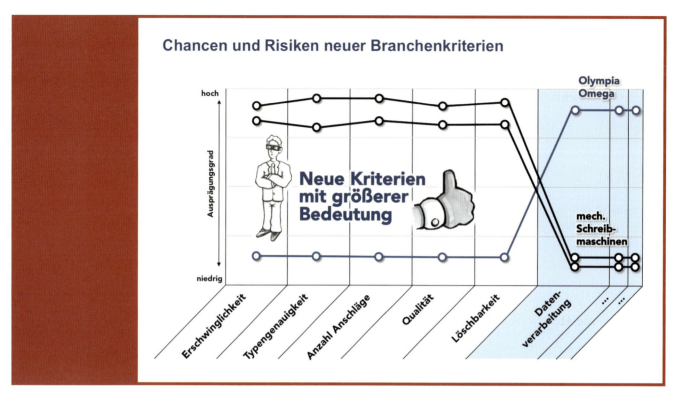

Abbildung 15: Verlagerung des Bezugspunktes am Beispiel von Olympia
Quelle: Eigene Darstellung in Anlehnung an strategische Konturen (vgl. Kim & Mauborgne, 2005)

Ein Weiterentwickeln im Sinne von „mehr vom Gleichen" kann ein hohes unternehmerisches Risiko darstellen. Zukunftsfähigkeit erfordert nicht nur, absehbare Schritte zu gehen. Zukunftsfähigkeit fordert, die bestehende Logik zu verlassen und dafür auch die gesamte Organisation anzupassen.

> „Das richtig formulierte ‚ideale Endergebnis' ist ein heuristisches Mittel zur Bestimmung der Suchrichtung, zur Beseitigung des geistigen Trägheitsvektors und zur Einschränkung des Suchwinkels […] Dabei scheint zunächst die Erreichung dieses Zieles unmöglich zu sein. Gerade dadurch entstehen aber Erfindungsaufgaben, denn man könnte auch formulieren, Erfinden heißt, das ‚Unmögliche möglich' zu machen. Die Formulierung des ‚idealen Ergebnisses' ermöglicht ein Rückwärtsschreiten von diesem Punkt zu den Mitteln der Lösung. Dabei muss zunächst an der Erzielung dieses Ergebnisses festgehalten werden, obwohl dem Entwickler klar ist, dass es aus vielerlei Gründen nur annähernd erreicht werden kann."[9]

Handlungsfähigkeit in bisher unbekanntem Terrain herzustellen erfordert Intuition. Intuition ist jedoch mehr als nur Zufall. Sie ist Orientierung in unbekannten Umfeldern, basierend auf Erkenntnis. Die Intuition dient nicht nur der Ergänzung bewusster Denkprozesse, sondern vor allem dem rationelleren Finden erfolgreicher Wege des Denkens. Ihre Bedeutung erhöht sich dort, wo die Grenzen des bisherigen Wissens aktiv hinauszuschieben sind.[10] Folgende dialektisch anzuwendenden Methoden scheinen den intuitiven Prozessen nach Linde[11] zugrunde zu liegen:

- Kombinieren
- Relationsverschieben
- Variieren
- Analogisieren
- Symbolisieren
- Idealisieren
- Typisieren
- Polarisieren
- Projizieren
- Wechsel von Abstraktionsniveau und Abstraktionsebenen in der Abstraktionshierarchie
- Transponieren

Die intuitive Orientierung innerhalb komplexer Bezugsräume, die durch unterschiedlich „hohe" Abstraktionsniveaus definiert sind, erhöht damit die Anforderung an das Team und jeden Einzelnen nochmals. In einem mehrdimensionalen Raum steigt der Grad der Möglichkeiten nichtlinear, wenn einzelnen Perspektiven ein weiterer Abstraktionsgrad hinzugefügt wird. Eine „ganzheitliche" Analyse kann so schnell zur Lebensaufgabe werden. Die notwendigen Ressourcen würden nicht zur Verfügung stehen.

Wie kann trotz eines Ausweitens des Betrachtungsraumes das Suchfeld eingegrenzt werden? Ein gemeinsam getragenes Zukunftsbild fokussiert und führt die Aufmerksamkeit, mit der einzelne Perspektiven beleuchtet werden, auf Potentialfelder. Das Bewusstsein der aktuellen Barrieren erhöht die Sensibilität, mögliche Ansätze zur Überwindung dieser Barrieren auch als solche intuitiv wahrzunehmen. Ohne eine widerspruchsorientierte Geisteshaltung führt die Kenntnis der Analogiefelder jedoch zu einer „Nicht-Glaubwürdigkeit" der abgeleiteten Aussagen und damit zu einem „Nicht-Glauben" an zukünftig relevante Perspektiven. Diese Tatsache kann verheerende Auswirkungen haben. Vorhandene Know-how-Lücken können dennoch kaum kurzfristig geschlossen werden. Was dagegen möglich ist, ist, als Diskussionsgrundlage ein neues Know-why zu erarbeiten.[12] Damit besteht der Bedarf, ein starkes Orientierungsbild zu schaffen. Es liefert Argumentations- und Prognosesicherheit und schafft Zuversicht, dass die erkennbaren Barrieren würdig sind, bearbeitet und letztlich überwunden zu werden.

> **Die richtig gestellte Frage ist mehr als die halbe Lösung.**

Solche Zukunftsbilder in Form eines „Leuchtturms" stellen im Kontext der Abstraktion ein Schlüsselelement dar, das die Ausgestaltung eines neuen Feldes gezielt weg von der bestehenden Logik hin zu neuen Wettbewerbskriterien unterstützt. Der Leuchtturm gibt dabei Orientierung, welche Perspektiven tiefer analysiert werden müssen. Er kann als ein radikal ideales Zukunftsszenario verstanden werden. Wie ein radikal ideales Zukunftsszenario charakterisiert werden kann und welchen Dimensionen „Zukunftsentwicklung" folgt, wird im weiteren Verlauf diskutiert.

3.4 Von der Zukunft aus rückwärts entwickeln

Ein Zukunftsbild erhebt nicht den Anspruch, bereits heute realisierbar zu sein. Das Bild erhebt auch nicht den Anspruch, zu einem bestimmten Jahr konkret umgesetzt zu sein. Es geht vielmehr um Orientierung in einer unscharfen Situation, die durch nahezu beliebig viele Handlungsalternativen gekennzeichnet ist. Ein solcher „Leuchtturm" stellt aus theoretischer Sicht ein radikal ideales Nutzenversprechen an die Kunden der Zukunft dar. Den Grundkategorien der Welt „Raum, Zeit, Stoff und Energie" folgend, empfiehlt dieses Bild, grundsätzlich Ressourcen in all diesen Dimensionen zu senken.[13] Dies kann jedoch nur durch den Zuwachs und die Nutzung von Information gelingen (siehe Abbildung 16). Diese zweifelsohne abstrakte Charakteristik kennzeichnet grundsätzlich fortschrittliche Entwicklungsrichtungen. Bionische Strukturen folgen diesem Prinzip. Durch die Erkenntnis von Kraftflüssen innerhalb von Bauteilen kann unnötiges Material an nichtbelasteten Orten weggelassen werden. Dies gilt auch im unternehmerischen Kontext. Im E-Commerce führt die Information über Kundenverhalten und -bedarfe zum effektiven Einsatz von Ressourcen. Die spezifischere Ansprache reduziert weiterhin die Transaktionskosten der Kunden.

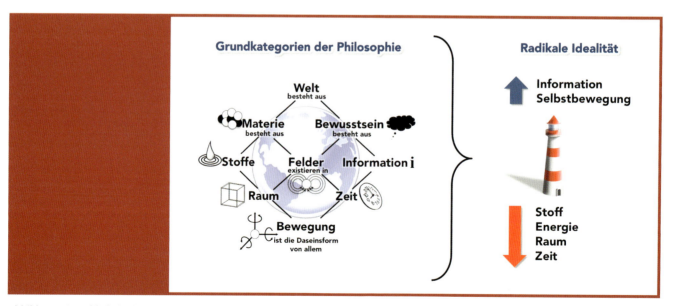

Abbildung 16: Radikal ideale Entwicklungsrichtungen orientieren sich an den Grundkategorien der Welt   *Quelle: Eigene Darstellung*

Der Leuchtturm folgt einer neuen Logik, die die gewünschte Funktion erfüllt, ohne dafür zusätzlichen Aufwand zu verursachen. Die Betrachtungsperspektive des Leuchtturms erlaubt, psychologische Denkbarrieren abzubauen. Sie eröffnet zum einen die Chance, „ideale Entwicklungsrichtungen" als Aufgabenstellung anzuerkennen. Zum anderen befreit sie vom Zwang, festlegen zu müssen, in welchem Zeithorizont Entwicklungen abgeschlossen sein müssen. Darüber hinaus unterstützt ein Leuchtturm die Umkehr der Betrachtung, ausgehend von der Zukunft. Er befreit von der Einschränkung des Expertenwissens von heute und von den Begründungen, warum bestimmte Ansätze und Gedanken im heutigen Umfeld nicht realisierbar bzw. unmöglich zu sein scheinen. Aus der Sicht von heute erhöht er wiederum die Argumentationssicherheit, welche Entwicklungsrichtungen zukunftsorientiert sind, um so unvertraute, neue Perspektiven zu glaubwürdigen Szenarien zu wandeln.

Radikal ideal gebildete Leuchttürme überbrücken demnach die Know-why-Lücke zwischen noch unbekannten Zukunftsszenarien und damit zusammenhängend unglaubwürdigen Entwicklungsperspektiven auf der einen Seite und dem bekannten Handlungsrahmen der heute glaubwürdig bestehenden Branchenlogik auf der anderen Seite (siehe Abbildung 17).

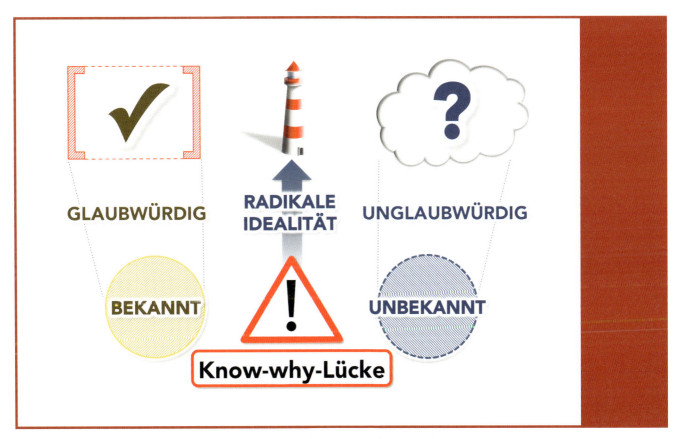

Abbildung 17: Leuchtturm als Brücke zwischen heute (bekannt) und Zukunft (unbekannt) *Quelle: Eigene Darstellung*

Leuchttürme markieren also zukunftsrelevante Entwicklungsrichtungen.

Die Zukunftsrelevanz von Projekten kann anhand ihrer Bedeutung für die Schließung der Lücke zwischen der Ausgangssituation und dem Leuchtturm beurteilt werden. Doch diese Einschätzung alleine ist nicht ausreichend. Zukunftspotential entsteht immer dann, wenn Entwicklungen zu effektiveren bzw. effizienteren Lösungen führen. Idealerweise steigert eine Innovation die Effektivität bei gleichzeitig gesteigerter Effizienz. Diesem Grundmuster folgen auch Entwicklungen der Natur. Lösungen der Bionik liefern zahlreiche Ansätze, die als Inspirationsquelle genutzt werden können. Braungart argumentiert, dass es sinnvoller ist, mehr Nutzen zu stiften, statt nur Schädliches zu vermeiden. Er argumentiert weiterhin, dass es vielmehr das Prinzip der Natur ist, intelligent zu verschwenden und dabei gänzlich Schädliches zu eliminieren.[14] Das Vorgehen unterscheidet sich deutlich gegenüber dem klassischen „Mehr für Mehr"-Ansatz.

Welchen Mustern folgen Lösungen, die die effektivsten und zugleich die effizientesten sind?[15] **Das Prinzip der Selbstorganisation wird von führenden Wissenschaftlern aus unterschiedlichen Disziplinen, wie Naturwissenschaft, Biologie, Soziologie, als das Grundprinzip von evolutorischer Höherentwicklung beschrieben.**[16] Effektivste Lösungen sind also Lösungen, die den Nutzen durch die „Schaffung von Strukturen zur Organisierung von ‚Von-Selbst-Funktionen' aus versteckten Eigenressourcen des Systems oder seiner Umgebung"[17] steigern. Es handelt sich also um Lösungen, die dafür sorgen, dass eine benötigte Funktion auf eine Art und Weise erfüllt werden kann, die es vermeidet, zusätzliche Strukturen schaffen zu müssen und damit weitere Ressourcen zu binden. Auf der Straße zum Beispiel regelt ein Kreisverkehr durch die Vorfahrtsregel den Verkehr von selbst — ohne Ampeln. Ein Druckminenbleistift hält durch die Geometrie der Mine den Stift von selbst spitz und kommt damit also ohne Anspitzer aus. Ein Regensensor regelt die Wischgeschwindigkeit von selbst, ohne dass der Fahrer Einfluss nehmen muss. Sei ein erster Gedanke zur Funktionserfüllung auch noch so unglaubwürdig, abwegig oder unreif — sobald das Prinzip der „Von-Selbst-Funktion" hinter dem Ansatz steht, ist es wert, an dem Grundgedanken festzuhalten und nach alternativen Möglichkeiten der Erfüllung zu suchen.

> **„Ein erster Gedanke hat das Recht darauf, hässlich zu sein. Hauptsache, die Entwicklungsrichtung stimmt."**[18]

Effizienteste Entwicklungsrichtungen basieren auf den Grundkategorien der Welt. Die Welt besteht aus Materie und Bewusstsein. Materie besteht aus Stoffen und Feldern. Bewusstsein sind Felder, an die Informationen geknüpft sind. Stoffe, Felder und Informationen existieren in Raum und Zeit. Raum und Zeit beschreiben Bewegung. Daher ist Bewegung die Daseinsweise von allem.[19]

In diesen Grunddefinitionen steckt der Hinweis, dass die „gezielte Organisierung von Bewegung" ein Schlüssel für neue Leistungsfähigkeit ist. Zudem geben die Grundkategorien eine Orientierung, in welchen

Dimensionen effiziente Lösungen möglich sind. Gelingt es, Lösungen zu erarbeiten, die mit reduziertem Stoff, Energie, Raum und Zeiteinsatz Ergebnisse erzielen, so sind diese immer effizient. Eine Möglichkeit, derartige Ansätze zu gestalten, liegt in der intelligenteren Nutzung von Informationen.[20] **Denn Information ist die einzige Ressource der Welt, die sich durch Teilen vermehrt**. Mit dieser Definition lässt sich auch die Tragweite der aktuell stattfindenden Revolution der Informationstechnologie erahnen. Geschäftsmodelle, Servicemodelle und auch physische Produkte erfahren nichtlineare Steigerungen der Leistungsfähigkeit durch die intelligentere Vernetzung von Informationen.

Take away

Folgende strategische Situationen deuten darauf hin, dass für die Zukunftsfähigkeit eines Unternehmens Denkrahmen ausgeweitet werden sollten:

- So führt zum einen die abnehmende Differenzierung der Produkte bzw. Dienstleistungen im Wettbewerb zu erheblichem Preisdruck. Zudem hat die Leistungsfähigkeit des Produkt- bzw. Serviceportfolios eine natürliche Grenze erreicht. Das heißt bei einer weiteren Entwicklung würde der Aufwand den Nutzen übersteigen oder das Produkt bzw. die Dienstleitung kann schlicht nicht weiter verbessert werden – eine weitere Steigerung auf Basis der heutigen Logik ist nicht möglich.

- Gleichzeitig sind die Entwicklungszyklen in der Branche aber sehr kurz, so dass ein kontinuierlich hoher Innovationsdruck besteht. Dabei folgen die Neuentwicklungen aller Wettbewerber vergleichbaren Regeln und Parametern, während innerhalb des Unternehmens starke Zielkonfliktsituationen beispielsweise zwischen unterschiedlichen Bereichen entlang der Wertschöpfungskette auftreten, die eine effektive gemeinsame Entwicklung des Geschäfts ausbremsen. Mögliche Auswirkungen zeigen sich am Beispiel des in der Vergangenheit führenden Schreibmaschinenherstellers Olympia. Das Unternehmen stand für hochpräzise Typografien und hohe Schriftbildqualität. Gleichzeitig waren Mitarbeiter des Unternehmens weitsichtig genug, um den (diffuseren) Tintenstrahldruck zu erfinden und als die Zukunftstechnologie zu antizipieren.

- Wenn sich die Rahmenbedingungen des aktuellen Geschäftsmodells durch Entwicklungen im Ökosystem geändert haben bzw. sich voraussichtlich in Zukunft ändern werden, dann wird eine Fortschreibung des Erfolgs mit einer vergleichbaren Dynamik wie in der Vergangenheit unmöglich. So musste sich die Firma Dahle frühzeitig auf den Wandel in der Art und Weise der Datenverarbeitung einstellen. Sicheres Datenhandling im Büro hört beim Aktenvernichter nicht auf.

Unternehmen, die es schaffen, ihre Zukunftsfähigkeit über lange Zeiträume hinweg nachhaltig zu gestalten, fahren nicht nur auf Sicht. Erfolgreichen Zukunftsgestaltern gelingt es, zu ihren heutigen Erfolgsmustern eine gesunde Distanz zu waren. Sie sind mit ihrem eigenen Zukunftsbild ihrer Zeit mehrere Generationen voraus. Die Auseinandersetzung mit Perspektiven der Zukunft ist jedoch keineswegs trivial. Die Betrachtungsperspektive wird entscheidend durch die persönliche Lebenserfahrung bzw. durch die Haltung des beauftragten Teams geprägt. Bereits durch die Benennung der Teammitglieder sind wesentliche Rahmenbedingungen und Limitationen der Betrachtungsperspektiven vordefiniert. Werden nicht bereits durch die Teamzusammensetzung Impulse gesetzt, so ist die nötige Vielfalt an Bezugspunkten unzureichend. Das verhindert im strategischen Diskurs, Perspektiven neu zu verknüpfen und damit die ganze Gestaltung eines neuartigen Zukunftsbildes. Neue Erkenntnisse können nur entstehen, wenn bisher isoliert entwickelte Ansichten von Experten zu einer neuen Synthese geführt werden. Die systematische Arbeit in interdisziplinären Teams kann dies leisten, wenn die Diskussionskultur die Perspektivenvielfalt nicht nur unterstützt, sondern sogar wertschätzt.

Erfolgreiche Teams von Zukunftsentwicklern zielen nicht darauf ab, den bestehenden Entwicklungspfad fortzuschreiben. Sie nähern sich der Herausforderung mit einer anderen Haltung. Sie stellen die Frage: „Welches Zukunftsszenario birgt das größte Potential, das heutige Erfolgsmodell maximal selber zu gefährden?" Sie inspirieren den Fortschritt durch das Denken – ausgehend vom radikal idealen Zukunftsbild.

Zur Gestaltung von Zukunftsfähigkeit müssen Unternehmen einerseits ihre Tradition des heutigen Erfolgs erhalten. Andererseits erfordert Erneuerung radikale Innovationen. Zukunftsgestalter entscheiden sich an dieser Stelle nicht für die eine oder die andere Ausrichtung. Sie sind widerspruchsorientiert und streben gleichzeitig sowohl nach Operational Excellence als auch nach Innovation-Leadership. Zukunftsfähigkeit erlaubt an dieser Stelle keine Kompromisse (siehe in diesem Zusammenhang das WOIS-Video „Innomorphose", Abbildung 18).

Abbildung 18: WOIS-Video „Innomorphose" *Quelle: Eigene Darstellung*

4 Wie inspirieren?

> *„Hat jemand, Ende des neunzehnten Jahrhunderts, einen deutlichen Begriff davon, was Dichter starker Zeitalter Inspiration nannten? Im anderen Falle will ich's beschreiben. – Mit dem geringsten Rest von Aberglauben in sich würde man in der Tat die Vorstellung, bloß Inkarnation, bloß Mundstück, bloß Medium übermächtiger Gewalten zu sein, kaum abzuweisen wissen. Der Begriff Offenbarung, in dem Sinn, dass plötzlich, mit unsäglicher Sicherheit und Feinheit, etwas sichtbar, hörbar wird, etwas, das einen im Tiefsten erschüttert und umwirft, beschreibt einfach den Tatbestand. Man hört, man sucht nicht; man nimmt, man fragt nicht, wer da gibt; wie ein Blitz leuchtet ein Gedanke auf, mit Notwendigkeit, in der Form ohne Zögern – ich habe nie eine Wahl gehabt."*[1]

Zukunftsfähigkeit erfordert die Auseinandersetzung mit Neuem und Anderem. Zahlreiche Forschungsdisziplinen setzen sich aus unterschiedlichen Blickrichtungen damit auseinander, was dabei in unseren Köpfen vorgeht, dabei förderlich ist oder auch zu Blockaden führt. Im folgenden Kapitel werden die wesentlichen Betrachtungsrichtungen zur Diskussion gestellt, um so ein Bewusstsein für die notwendige Grundhaltung herauszuarbeiten, die zur Verschiebung von Leistungsgrenzen unerlässlich ist.

Die Suche nach Potentialen geht von einem Bezugspunkt aus, unabhängig davon, ob er implizit oder explizit gewählt ist (siehe Abbildung 19). Üblicherweise wird der an Wissen, Erfahrung und Intuition gekoppelte Bezugspunkt möglichst relevant und damit fokus-

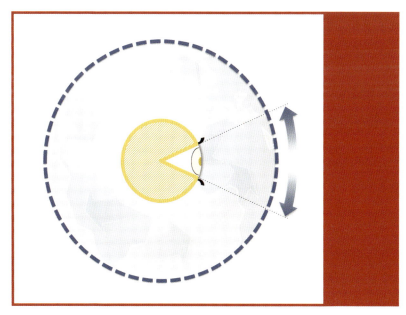

Abbildung 19: Auf der Suche nach Quellen der Inspiration   Quelle: Eigene Darstellung

siert zum heutigen Betätigungsfeld gewählt. Dabei besteht das Risiko, dass bereits geringfügige Verschiebungen dazu führen, dass der ursprünglich gewählte Bezugsrahmen die neu entstandenen Abhängigkeiten nicht mehr erfassen kann. Mit 100-prozentiger Sicherheit die „richtige" Richtung erkennen zu können, erfordert dem klassischen Verständnis nach, das Umfeld vollständig bzw. ganzheitlich und damit aus allen möglichen Bezugspunkten heraus zu betrachten. Dieses Vorgehen erfordert maximale Zeit und Ressourcenbindung. Komplex vernetzte Fragestellungen verbieten daher von vornherein, den Anspruch auf Vollständigkeit zu erheben. Bis eine Analyse abgeschlossen wäre, hat sich bereits wieder ein neues Bezugssystem entwickelt. Eine vollständige Analyse der Ausgangssituation zu erreichen wird in unserer modernen Zeit von Tag zu Tag unrealistischer. Damit steht die Forderung nach Methoden im Raum, Potentialfelder rasch nach relevanten Indikatoren absuchen zu können. Orientierungsmittel helfen dabei, den Suchwinkel nicht unnötig auszuweiten, ohne dabei Neuorientierungen zu unterbinden (siehe Abbildung 20).

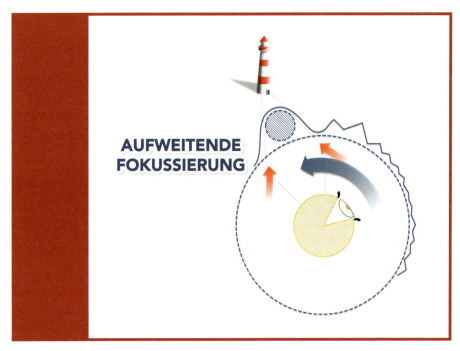

Abbildung 20: Verschiebung des Bezugspunkts durch Antizipation der starken Wirkung schwacher Signale
Quelle: Eigene Darstellung

Für die erste Orientierung lohnt sich ein grober Überblick. Dabei sollte das Suchraster bewusst nicht zu grob gewählt werden, sonst würde die Gefahr bestehen, potentialreiche Richtungen zu übersehen. Es gilt, die starke Wirkung schwacher Signale zu berücksichtigen (siehe Abbildung 20). Für die Entwicklung von Suchstrategien verlassen sich viele häufig auf ihre individuelle Intuition. Den wenigsten ist dabei bewusst, dass sich diese Intuition immer auf Perspektiven innerhalb ihres Denkrahmens bezieht. Dadurch wird das Erkennen neuer Richtungen wesentlich erschwert — bei sehr stark ausgeprägten Denkmustern sogar nahezu unmöglich. Die Identifikation neuer Potentialrichtungen erfordert Kreativität, was im Wesentlichen keine neue Erkenntnis darstellt. Die Nutzung von Kreativitätstechniken impliziert die Schaffung von Denkfreiheit im Innovationsprozess. Unternehmerisches Handeln steht jedoch auch im Kontrast zu dieser Freiheit, denn es setzt Wirtschaftlichkeit und damit die Gestaltung von effektiven und effizienten Prozessen voraus. Deshalb reicht Kreativität allein nicht aus. Sie muss durch Orientierungsmittel gestützt werden, um wirklich relevante Richtungen für das Unternehmen in seinem zukünftigen Handlungsfeld zu identifizieren und zu fokussieren.

> „Immer drastischer werden in der öffentlichen Diskussion Rationalität und Kreativität als Gegensätze wahrgenommen, und der Ruf nach Befreiung der Phantasie von den Zügeln des zweckrationalen Denkens ist lauter geworden. Die bedeutenden Werke in Wissenschaft und Kunst können nicht einfach als Produkte einer einmaligen, genialen Intuition erklärt werden: Bei der Lösung von alltäglichen wie wissenschaftlichen Problemen sind logisches und kreatives Denken keineswegs Gegensätze: und schließlich ist nach den Analysen von Weisberg ein fundiertes Spezialwissen die notwendige Voraussetzung jeder bedeutenden Leistung – sei es in Kunst, Wissenschaft oder Technik."[2]

Das für Veränderungen notwendige Fachwissen ist dabei gleichzeitig das beschränkende Element. Es ist für Experten die Basis zur Formulierung von Grenzen und zugleich die Legitimierung, warum Veränderungen über die Grenzen hinaus nicht möglich erscheinen. Wie kann es gelingen, sich von diesem Wissen im Sinne von Fortschritt und Durchbruchinnovation zu befreien? Nur dann kann auch hinter die derzeit bestehenden Leistungsgrenzen gedacht werden. Denn die Identifikation und Ausgestaltung von zukunftsweisenden Innovationspotentialen ist an die Erkenntnis von Denkrahmen und an die gezielte Überwindung von daraus resultierenden Widersprüchen gekoppelt. Hier gilt nach Warren Bennis: „Managers are people who do things right and leaders are people who do the right thing."[3] und: „Unternehmensführung heißt Sinn stiften. Das bedeutet also, man muss über die Know-how-Frage, wie machen wir etwas, hinausgehen zu der Know-why-Frage, warum und wozu machen wir etwas. In einem Prozess ist selbstverständlich das Know-how wichtig, wenn sich der Fokus aber auf diese Frage verengt, hat man nur den momentanen Ist-Zustand im Auge."[4]

> **Für Zukunftsfähigkeit gilt: Take both! Innovatoren bilden eine Synthese aus bestehendem Know-how und zukunftsweisendem Know-why.**

Bildungssysteme stehen vor der Herausforderung, immer weiterreichendes Wissen zu vermitteln. Es steht dafür jedoch nicht mehr Zeit zur Verfügung. Der klassische Bildungsweg führt daher zu immer spezifischeren Bildungsrichtungen. Somit verschärft sich jedoch die Situation: Jede Bildung ist auch ein Stück Verbildung, da über das eigene Gebiet hinausgehendes Wissen systematisch immer eingeschränkter vermittelt werden kann. Durch den persönlichen Bildungsweg verstärkt sich mit der Zeit nahezu unweigerlich ein individuelles Bezugssystem. Damit bilden sich klare und zueinander abgegrenzte Denkrahmen von Expertengebieten aus, deren Sprachen, Methoden und Tools zueinander immer weniger kompatibel werden. Verläuft das persönliche Leben erfolgreich, prägt sich über die Zeit eine eigene, persönliche Komfortzone aus — eine Zone, die erfolgreiches Agieren, erfolgreiche Entscheidungen und souveränes Handeln zulässt (siehe Abbildung 21).

Diese Zone ist der Rahmen, in dem man sich sicher bewegen und orientieren kann. Die unbewusst ablaufenden Denkmuster beeinflussen dabei grundsätzlich die Wahrnehmung und das Verständnis und setzen auf diese Weise auch einen persönlichen Handlungsrahmen. Innovation erfordert jedoch per Definition, genau diese Zone zu verlassen und damit die Grenzen zu zerstören. Es gilt, Bezugsrahmen anderer Expertengebiete mit dem eigenen Wissen in Relation zu setzen. Das führt zu einem nichtlinearen Anstieg der Komplexität von Wechselwirkungen. Diese Situation bewältigen zu können, erfordert Komplexitätsmanagement.[5] Innovatoren versetzen sich hierzu mental in die Lage, etablierte Denkmuster mit neuen Perspektiven zu konfrontieren, um auf dieser Basis ihre bestehenden kognitiven Bezugs- und damit Bewertungssysteme zur Ermittlung, Einschätzung und Erschließung von Zukunftspotentialen zu wandeln. Denn Innovatoren realisieren genau das, was aus heutiger Sicht noch „unvorstellbar" ist.

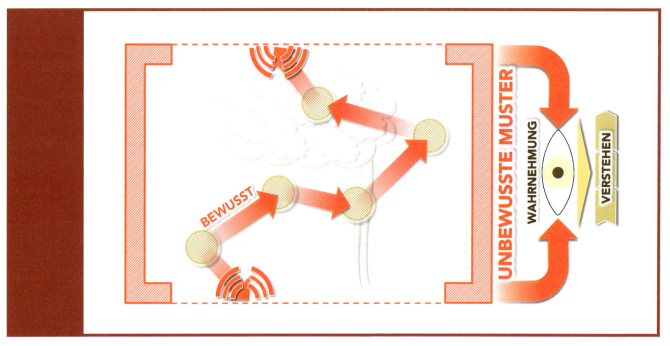

Abbildung 21: Unbewusste Muster prägen einen Denk- und Handlungsrahmen

Quelle: Eigene Darstellung

4.1 Radikale Innovation fordert Bewertungskriterien jenseits der Branchenlogik

Denken Menschen über die Zukunft nach, so beginnen sie intuitiv an einem Bezugspunkt, der unterbewusst an heutiges Wissen und Erfahrung geknüpft ist. Zukunftsfähigkeit erfordert die Auseinandersetzung mit Neuem und Andersartigem. Viele nutzen dabei Kreativitätstechniken, um aus ihren Denkrahmen auszubrechen. Dieses Vorgehen generiert zwar eine umfangreiche, aber auch eine diffuse Ideenvielfalt. Qualität wird durch Priorisierungsverfahren auf Basis etablierter Industriekriterien nur scheinbar herbeigeführt. Folgen diese Kriterien dabei heutigen Erfolgsformeln, kann das Ergebnis jedoch auch nur eine Fortschreibung des Heutigen sein. Das Neuartige kann nicht anhand alter Maßstäbe bemessen werden. Das Unternehmen befindet sich in Gefahr, unbemerkt abgehängt zu werden. Denn auch die Wettbewerbsregeln und damit die Maßstäbe für Wettbewerbsanalysen unterliegen einem Wandel. Vielfalt zeigt keinen Weg auf, um aus der dominierenden Branchenlogik auszubrechen. Notwendig ist das Gegenteil: wenige, starke und fokussierte Argumente für den zukünftigen Kern.

Dafür notwendige Perspektiven und Fragen zuzulassen wirkt mit den Maßstäben der Logik irreal und damit unmöglich. Es wird deutlich, dass es in diesem Kontext zunächst erforderlich ist, eine neue Sicht auf das eigene Feld einzunehmen. Der eigene Bezugspunkt muss aus neuen Perspektiven betrachtet werden. Dies zu tun fällt wesentlich leichter, wenn die Grundannahme der Beständigkeit der eigenen Komfortzone durch die Haltung ersetzt wird, dass diese sich in Zukunft geändert haben wird.

Damit steht die Forderung nach einer Methodik jenseits klassischer Innovationsprozesse und Kreativitätstechniken im Raum, die bei der Ableitung zukunftsrelevanter Kriterien unterstützt. Es bedarf grundlegenderer Argumente, um heutige Bezugsrahmen systematisch zu überwinden. Häufig zitierte Trends beschreiben lediglich die bereits stattfindende Veränderung, aber nicht zwangsläufig die zukünftige Entwicklung. Zudem ist die Gültigkeit von Trends zeitlich und kontextuell begrenzt.

Innerhalb eines Innovationsprozesses spielen neben den analytischen ganz besonders die schöpferischen Fähigkeiten des Einzelnen bzw. einer Gruppe eine entscheidende Rolle. Neue Perspektiven liegen häufig in noch „roher" Form und damit nicht konkret anwendbar vor. Der Innovationsdiskurs erfordert also neben der Sensibilität für die Erkenntnis von relevanten Veränderungsvektoren auch die schöpferische Kraft zur transformativen Übertragung der Entwicklungen auf das eigene Umfeld. Innovatoren müssen es selbst in die Hand nehmen und schwache Signale so übersetzen, dass sie die gewünschte starke Wirkung entfalten können. Diese Schlüsselfähigkeiten legen den Grundstein für die von Schumpeter beschriebene „schöpferische Zerstörung".

Bei der Neugestaltung von Geschäftsmodellen für etablierte Unternehmen geht es wie bereits betont um traditionserhaltende Erneuerung, also den Aufbau neuer Leistungsfähigkeit, basierend auf erhaltenswertem Alten. Durch die Schaffung eines neuen Kontexts können Branchen revolutioniert werden. Jede Art von Neugestaltung und erfolgreicher Umorganisation führt letztendlich zu einem Wandel in der Branche, der Althergebrachtes „zerstört". Dieser Ablösungsprozess ist ein natürlicher, notwendiger Vorgang des Wandels zur Schaffung neuer Ordnungen. Die Suche nach neuen Perspektiven ist unweigerlich mit persönlichen Denkmechanismen verbunden. Edward de Bono prägte im Rahmen seiner Forschung auf dem Gebiet der Kreativität den Begriff „laterales Denken" als eine erlernbare Denktechnologie, die zum Ziel hat, die individuelle kreative Leistungsfähigkeit zu erhöhen.[6]

> **„Das laterale Denken beschäftigt sich mit der Umstrukturierung solcher Muster (Intuition) und mit der Anregung neuer (Kreativität)."[7]**

Bevor der Begriff des lateralen Denkens weiter diskutiert werden kann, ist es notwendig, den Erkenntnisprozess tiefer zu erfassen.

Unser Denken wird maßgeblich durch unsere Gesellschaft, die Erziehung, schulische und universitäre Ausbildungsprozesse geprägt. Wir lernen das Prinzip, eine gegebene Aufgabe mit gesuchten Variablen nach vordefinierten Mustern und Wegen aufzulösen, bereits im frühen Kindesalter in der Schule, und folgen diesem logikbasierten Vorgehen bis in die universitäre Ausbildung (siehe Abbildung 22). Kognitionsexperten erklären persönliche Entscheidungen als eine Kombination aus bewussten Denkprozessen und unbewuss-

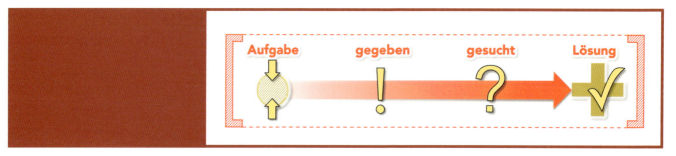

Abbildung 22: Das abstrakte Prinzip der logikbasierten Ausbildung   Quelle: Eigene Darstellung

ten Denkmustern.[8] Muster strukturieren und filtern Informationen — im Hintergrund von aktiven Denkprozessen sowie auf Basis von Wissen, Erfahrungen und der Intuition des Einzelnen.

Weiterhin ist Erkenntnis aus Sicht der Experten immer ein Ergebnis aus Informationswahrnehmung und deren Verarbeitung anhand persönlicher Denkmuster. Das Phänomen kann als „vertikales Denken" charakterisiert werden. Dieser Prozess des Erkenntnisgewinns ist nach Hofstadter durch ständiges Analogisieren gekennzeichnet.[9] Der Verstand benutzt demnach das Analogisieren, um neue Informationen an bestehenden Denkmustern zu reflektieren und auf dieser Basis zu integrieren oder auszuschließen. Im Zuge dieser individuell geprägten Erkenntnisabläufe werden Denkmuster nicht geändert. Ihnen werden lediglich weitere Informationsbausteine hinzugefügt. Ein Mosaikbild bietet sich hier als Metapher an. Es werden einzelne Bausteine in eine bestehende Struktur eingebettet, um auf diese Weise ein großes Bild zu erzeugen. Entscheidend ist jedoch, dass das letztendlich zusammengefügte Bild maßgeblich durch die Grundstruktur, das heißt durch die ersten Bild-Bausteine definiert wird.[10] Das Bild wird in den seltensten Fällen auf der Basis von Bausteinen, die erst spät zu dem Bild hinzugefügt werden, grundlegend neu strukturiert. Das Bild wird also in den frühesten Phasen durch erste Erkenntnisbausteine geprägt. Im kritischsten Fall bleibt es dauerhaft unverändert — unverändert durch das Nicht-Bewusstsein, das ein unterbewusst ablaufender Selektionsprozess existiert. Aus neuen Informationen werden nicht zwangsläufig neue Erkenntnisse gewonnen, was unter Umständen gravierende Folgen haben kann, wenn diese für die Zukunft hochrelevant wären.

„Informationswertung ist abhängig von Zeit und Reihenfolge, in der sie eintritt!"[11]

Denkmuster können die Fähigkeit zur Gestaltung von Operational Excellence im Kontext des bestehenden Geschäftsmodells unterstützen, denn die Optimierungsregeln und damit vordefinierte Lösungswege und -muster sind vorhanden. Sie erschweren jedoch grundlegende Neupositionierungen bzw. verhindern diese systematisch. Denkmuster verfestigen sich umso mehr, je häufiger sie genutzt werden. Sie bilden die Grundlage für jeden einzelnen ablaufenden Analogisierungsvorgang. Im Laufe der Zeit wird es dem-

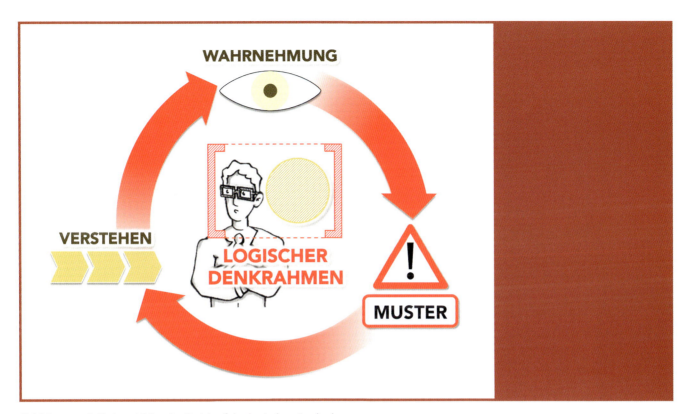

Abbildung 23: Selbstverstärkender Kreislauf des logischen Denkrahmens   *Quelle: Eigene Darstellung*

entsprechend immer schwieriger für den Einzelnen, aus seinem persönlichen Denkrahmen der Logik auszubrechen. Man kann diesen Kreislauf als selbstverstärkenden Fluss zwischen Wahrnehmung und persönlicher Erfahrung interpretieren, der zur Bildung von Mustern, die das Denken strukturieren und das Handeln steuern, führt (siehe Abbildung 23).

Beispiel: Vorwerk

Ein wesentliches Element für Zukunftsfähigkeit ist das Zulassen einer radikalen Idealität. Ziel ist die Erarbeitung eines Zukunftsbildes, das neuartige Kriterien klar erkennbar macht. Bei der Firma Vorwerk stand 2005 bei der Entwicklung von Reinigungsprodukten die Ausreizung der Reinigungsleistung im Vordergrund. Negativ formuliert: Es ging um die Optimierung des „Saubermachens". Aus Sicht des Kunden formuliert: Niemand möchte putzen. „Sauber haben und wohlfühlen" wäre doch das wesentlich attraktivere Nutzenversprechen. Diese scheinbar kleine Formulierungsanpassung bewirkt jedoch eine grundlegende Neuorientierung im Denken.

Neue Parameter gewinnen an Priorität und eröffnen gedankliche Freiheitsgrade. Ziel ist nicht länger die weitere Übererfüllung der Filterleistung und die weitere Steigerung der Saugleistung. Neue Faktoren, wie die insgesamt benötigte Reinigungszeit, rücken in den Vordergrund. Damit eröffnen sich grundlegend neue Potentialfelder.

Diese Neuorientierung spiegelt sich eindrucksvoll im Produktportfolio von Vorwerk wieder. Hartböden haben in Deutschland den größten Marktanteil. Der Reinigungsprozess für diese Böden ist mit Abstand am aufwendigsten. Wirklich sauber wird es nur durch Kehren oder Saugen, feucht Wischen und anschließendes Trocknen, um Streifen zu vermeiden. Damit wird aus einer 80-Quadratmeter-Wohnung ein 240-Quadratmeter-Reinigungsmarathon. Diese Arbeitsschritte können private Anwender ausschließlich in Handarbeit erfüllen. Der Saugwischer von Vorwerk (siehe Abbildung 24) integriert diese vier Prozessschritte in einen einzigen Arbeitsgang. Damit halbiert sich der Zeitaufwand für den Kunden. Das Nutzenversprechen „sauber haben" führt der Saugroboter noch einen Schritt weiter. Er reinigt, wenn der Kunde nicht zu Hause ist und schafft damit „mühelos" ein Wohlfühlklima.

> *„Das sind die ersten Schritte auf einer Zukunftsroadmap, die weitere überraschende Ansätze bereithält."*
> Dr. Thomas Rodemann, CEO Vorwerk Kobold

Abbildung 24: Saugwischer von Vorwerk   Quelle: Vorwerk Kobold

Die Funktionsweise unseres Verstandes ist evolutionär geprägt. Die Verarbeitungsmechanismen helfen uns dabei, die alltägliche Reizüberflutung zu bewältigen. Innerhalb der immer komplexer werdenden Wechselwirkungen dieser Welt lassen sich Entscheidungen aufgrund von Erfahrungsmustern, vordergründig betrachtet, weiterhin schnell und eindeutig treffen. Gleichzeitig geht uns mit zunehmender Lebenserfahrung und wachsender Routine ein entscheidendes Maß an Sensibilität verloren. Durch die verstärkten Filtermechanismen der Wahrnehmung können genau diejenigen Signale und Zusammenhänge mit potentieller Zukunftsrelevanz systematisch ausgeblendet werden. Das ist im Kontext der zunehmend komplexer werdenden und miteinander vernetzten Zusammenhänge von besonderer Bedeutung, denn Entwicklungen weit außerhalb des persönlichen Bezugssystems bergen möglicherweise großes Potential, Einfluss auf die eigene Entwicklung zu nehmen, indem sie einen Dominoeffekt auslösen. **Die frühen und schwachen Signale fallen sozusagen der Muster-Vorselektion und damit der persönlichen Intuition zum Opfer.**[12]

Gerade vor diesem Hintergrund kann die Kombination differenzierter Sichtweisen auf eine Fragestellung das Potential unvorhergesehener Auswirkungen minimieren, vorausgesetzt, Zukunftsgestalter sind sich diesem Effekt in ihrem Denken bewusst.

Kurzfristig intuitionsbasiertes Handeln erfolgt dadurch nicht selten zulasten von langfristig ungünstigen Entscheidungen. Dieses eingrenzende vertikale Denken muss nach de Bono durch ein öffnendes laterales Denken ergänzt werden.[13] Bestehende Muster müssen im Zusammenhang von schöpferisch-kreativen Aktivitäten bewusst umstrukturiert werden, um Neues wahrnehmen und „richtig" verstehen zu können.[14] In diesem Zusammenhang lässt sich folgende These für Personen formulieren, die es nicht schaffen, zu ihren eigenen Denk- und Entscheidungsprozessen Distanz zu wahren, und keine differenzierten Denkverfahren für unterschiedliche Herausforderungen nutzen:

> **Je mehr Erfahrungen jeder Einzelne sammelt,
> desto stärker manifestiert sich sein persönlicher logischer Denkrahmen.**

De Bono schlägt im Rahmen seiner Empfehlungen zum „lateralen Denken" vor, sich bewusst unterschiedliche Denkoperationen zunutze zu machen.[15] Diese differenziert vorgespannten Denkoperationen schaffen in einer Diskussion zu einer bestimmten Herausforderung durch gezielte Perspektivenwechsel zahlreiche neue Erkenntnisse, die ohne diese Denkoperationen verborgen oder unbegründet blieben. Die Zielsetzung für Zukunftsfähigkeit ist eine vergleichbare, denn der bestehende Denkrahmen soll überwunden werden. Entscheidend ist in diesem Zusammenhang, dass jeder Einzelne durch den bewussten Denkperspektivenwechsel befähigt wird, sich seinen bestehenden Denkrahmen bewusst zu machen und diesen auch gezielt zu hinterfragen. Er muss seine Intuition wie nachfolgend beschrieben auf eine neue Bewusstseinsebene führen:

> *„Die Intuition ist ein Element des menschlichen Denkprozesses, speziell des Problemlösungsprozesses und besitzt wie dieser selbst Prozesscharakter. Sie stellt zwar einen abewussten, aber keinen alogischen, im Sinn von unlogisch, der Logik widersprechenden Prozess dar und ist dadurch auch nicht irrational. Für den Problembearbeitungsprozess für technische Systeme ist dabei die Intuition gemeint, die in Übereinstimmung mit den Entwicklungsgesetzen der Natur und der Gesellschaft steht.*
>
> - *Der Intuition muss eine intensive Beschäftigung mit dem Problem vorausgehen, die Idee trifft nur auf einen dafür vorbereiteten Geist.*
>
> - *Die Intuition baut auf der gesamten Lebenserfahrung der Persönlichkeit auf. Sie kann durch zu gut und stabil strukturierten Gedächtnisbesitz möglicherweise auch verhindert werden, weil die Person nicht in der Lage ist, diese Struktur zu durchbrechen.*

> *Die Aktivierung des Denkens und Handelns erfolgt durch das Bewusstwerden von Widersprüchen. Wenn die Aktivität auf die Überwindung des Widerspruchs gerichtet ist, dann wird dieser Widerspruch selbst zur Quelle der Aktivität, zu ihrer Triebkraft. Er bestimmt die Erkenntnistätigkeit bis zu ihrer Lösung oder bis zur zeitweiligen oder generellen Nichtlösung."*[16]

Damit ist ein neues Bewusstsein zum Umgang mit den im Rahmen der natürlichen persönlichen Entwicklung entstehenden Denkmustern geschaffen, um die Entwicklung neuer Denkperspektiven für den Einzelnen überhaupt zu ermöglichen. Es stellt sich jedoch die Frage, welchen konkreten Widerspruch Linde in den Fokus eines aktivierten Denkens setzen möchte. In einer Diskussion zukünftiger Entwicklungsrichtungen kommen neue Perspektiven ins Spiel, und diese werden mit der heutigen Ist-Situation konfrontiert. Die große Herausforderung besteht darin, dass neue Perspektiven das Potential bergen, die Relation zwischen den bestehenden Kriterien zu beeinflussen. Die zukünftigen Veränderungen sind jedoch in den klassischen Modellen nicht berücksichtigt. So entstehen zwischen dem alten und dem neuen Szenario Konfliktsituationen, die durch Nutzung des klassischen Modells nicht bewältigt werden können. Das neu entstandene Szenario hat in der Regel zudem mit weiteren erschwerenden Rahmenbedingungen zu kämpfen.

Ein Bezugspunkt besitzt seine Wurzeln in der Regel im heutigen Umfeld und schöpft aus diesen Argumenten auch seine Glaubwürdigkeit. Der neue Bezugspunkt dagegen hat seinen Ursprung in der Zukunft. Damit hält er der Prüfung durch Experten auf Basis heute geltender Kriterien systematisch nicht stand und kann so sehr unglaubwürdig wirken. Die Zukunft wird grundsätzlich als ungewiss eingeschätzt. Damit können in der Regel auch alle Argumente, die an neue Bezugspunkte gekoppelt sind, nur an Bedingungen gekoppelt sein. Es bildet sich also im besten Fall nur ein Szenario, das mit einer bestimmten Wahrscheinlichkeit eintritt. Die Herausforderung besteht nun darin, diese konträren Sichten gleichberechtigt zusammenzuführen.

Die systematische Orientierung und Suche nach Zukunftspotentialen beruht auf Erfolgsfaktoren und Erfahrungen aus der Vergangenheit und von heute. Die bestehende Logik lässt in der Auseinandersetzung mit der Zukunft fundamentale Widersprüche zutage treten. Diese in Abbildung 25 aufgezeigten Konfliktsituationen zwischen der heutigen Zielsetzung (gelber Punkt) und einer potentiellen zukünftigen Zielsetzung (blauer Punkt) geben – der bestehenden Logik folgend (dem heute bestehenden und anerkannten zwingenden Ausschlusskriterium für die vollständige Erreichung beider Zielsetzungen zur gleichen Zeit) – offensichtlich keinen Anhaltspunkt für weitere Entwicklungspotentiale. Sie liefern vielmehr den Beweis, dass die Grenze des Möglichen erreicht ist. Damit kann die Kenntnis über harte Barrieren auch ganzen Entwicklungsmannschaften die Motivation bei der Suche nach Leistungssteigerungsmöglichkeiten entziehen. An Stellen, wo durch klare Analysen Leistungsgrenzen eindeutig beschrieben sind, kann die bestehende Logik nicht weiterhelfen. Das gilt auch, wenn sie mit noch so hohen Ambitionen verfolgt wird. Zielkonfliktmanagement, basierend auf Kompromissen, kann per Definition nur dem Entweder-oder-Prinzip folgen (siehe Abbildung 25).

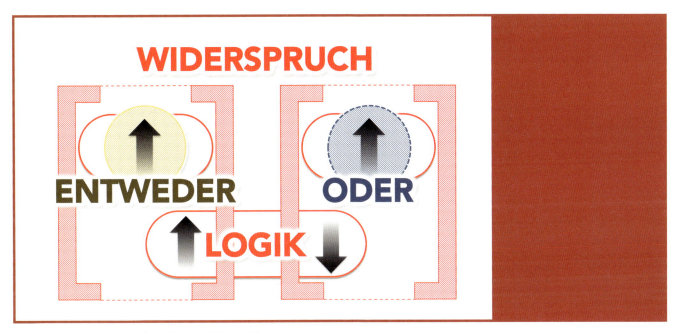

Abbildung 25: Die zwingende Logik von Widersprüchen   Quelle: Eigene Darstellung

Der klassisch logikdominierte Umgang mit Zielkonflikten lässt sich am anschaulichsten mit dem Bild einer Waage vergleichen, in dem die Logik eine starre Abhängigkeit zwischen beiden Zielsetzungen definiert. Solange die Logik des Zusammenhangs der beiden Ziele zueinander nicht hinterfragt wird, lässt sich das vorbestimmte Verhältnis der möglichen Zielerfüllungen nicht auflösen. Der bestehenden Logik folgend, befinden sich die beiden Zielsetzungen schlussendlich immer in einem Kompromissverhältnis zueinander (siehe Abbildung 26).

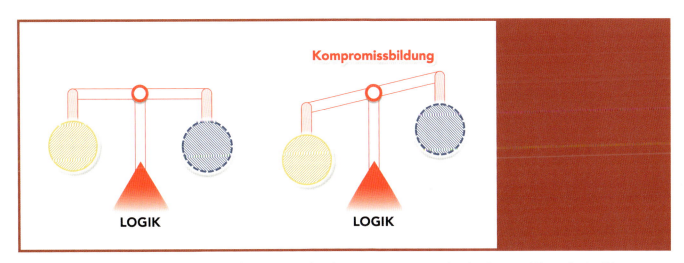

Abbildung 26: Die Logik verhält sich in der Konfrontation von heutigen Bezugssystemen mit Zukunftsperspektiven wie eine Waage
Quelle: Eigene Darstellung

4.2 Widerspruchslösungen verschieben Leistungsgrenzen

Sollen Leistungsgrenzen verschoben werden, reicht der Denkrahmen der Logik nicht aus. Er wird vielmehr zur systematischen Barriere. Der bestehenden Logik folgend, führt die Forderung nach der gleichwertigen Erfüllung beider Ziele im starr vorgegebenen Verhältnis dazu, dass sowohl die Zielsetzung von heute als auch die zukünftige Zielsetzung jeweils nur zu maximal 50 Prozent erfüllt werden können (siehe Abbildung 27). Unser bestes Werkzeug für Optimierungen wird zum Versagensgrund bei Neuentwicklungen. Mit Kompromissen können sich Innovatoren nicht zufriedengeben. Wir müssen lernen, Denkformen gezielt wechseln zu können. Syntheseprozesse erfordern Vorgehensweisen, die Sowohl-als-auch-Forderungen erfüllen können, eine beidseitig 100-prozentige Zielerreichung ermöglichen und damit ein neues Leistungsniveau beschreiben.

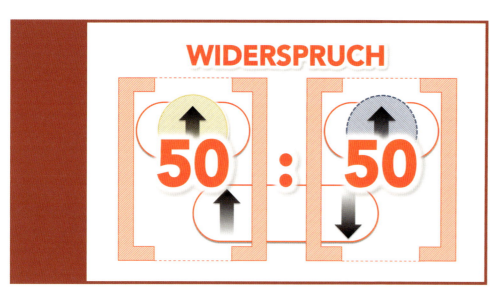

Abbildung 27: Bestehende Logik erlaubt nur Kompromissbildung   *Quelle: Eigene Darstellung*

Die Entwicklung und Ausgestaltung von bahnbrechenden Neuansätzen bedingt schöpferische Fähigkeiten, wie sie nach heutigem Verständnis vor allem Genies zugesprochen werden. Es wäre jedoch schade, sich mit dieser Situation zufriedenzugeben und das schöpferische Potential von jedem Einzelnen nicht zu nutzen.

> „Every child is born a genius, but is swiftly degeniused by unwitting humans and/or physically unfavorable environmental factors."[17]
>
> Wie kann es uns also gelingen, dass wir auch als Erwachsene weiterhin unsere Freiheit im Denken behalten und weiter fördern?

Ist erst einmal das Bewusstsein für eine Sequenz differenzierter Denkformen geschaffen, kann das Vorgehen trainiert werden. Folgt man der These, dass für bahnbrechende Generationssprünge die Auflösung von Widersprüchen erforderlich ist, die per Definition aus einer heute logischen Abhängigkeit hervorgehen, dann scheint es doch relativ aussichtslos, hierauf Schlüsselressourcen zu verwenden. Zudem reicht es nicht aus, der Herausforderung ausschließlich mit Kreativität und Intuition zu begegnen. Die Auflösung von Zielkonfliktsituationen erfordert eine Synthese. Damit steht die Frage nach einem neuartigen Denkansatz im Raum, der die Auflösung fundamentaler Zielkonflikt-Abhängigkeiten vermag. Die neuen Abhängigkeiten zu erkennen erfordert das Einbetten mindestens einer weiteren Perspektive, um neue Freiheitsgrade zu schaffen, die wiederum Neuverknüpfungen zulassen, um die bisher limitierenden Abhängigkeiten abzulösen. Reflektiert man diesen Ansatz an dem bestehenden logischen Vorgehen, so führt dieser zu UNLOGISCHEN Ergebnissen. Die These lautet:

> **Unlogik ist die Logik von Innovation.**

Diese Suche nach der Unlogik gilt also der Suche nach einer höheren Argumentationskette, die die bestehende Logik nicht außer Kraft setzt, es jedoch schafft, diese zu dominieren bzw. zu überstimmen.

> **Bei Innovation ist es wie beim Kartenspiel: Ober sticht Unter!**

Das Muster überwundener Widersprüche findet sich in vielfältigen Umfeldern wieder. In einer Zeit, in der Auflehnung gegen herrschende Machtstrukturen häufig von Krieg und damit Gewalt bestimmt war, hat Mahatma Gandhi durch seinen gewaltfreien Widerstand einen nachhaltigen Wandel initiiert. Widerspruchslösungen führen sogar zu Paradigmenwechseln in einzelnen Forschungsdisziplinen. Die Nobelpreisträger der Welt haben Erkenntnisbarrieren der bestehenden Logik durch neuartige Perspektiven überwunden. Der Friedensnobelpreisträger Muhammad Yunus hat mit seinen Mikrokrediten das Bankenwesen revolutioniert. Er hat es geschafft, Kredite an Arme mit einer hohen Rückzahlungsquote zu vergeben, indem er die Kriterien für deren Kreditwürdigkeit neu definiert hat. Sie beruht nicht auf der Sicherheit von Einzelpersonen, sondern auf einer für sich gegenseitig bürgenden Gemeinschaft und einer engen Begleitung durch die Bank.

Die Herausforderung liegt jedoch in der Ausprägung von einem Paradigma:

> „Jedes Paradigma hat jedoch auch zwei Seiten:
>
> 1. Ein Paradigma setzt den Menschen Grenzen. Es wird schwierig zu erkennen, wenn neue Wege gegangen werden müssen, und somit schwierig, neue Wege zu gehen.
>
> 2. Auf der anderen Seite geben Paradigmen die Regeln zum Erfolg an. Wird ein erfolgreicher Weg beschritten, dann ist das Paradigma dafür verantwortlich, dass die Betreffenden weiterhin diesen erfolgreichen Weg gehen. Er war bisher erfolgreich, also wird er auch weiterhin erfolgreich sein. Paradigmen sind also wichtig und richtungsweisend, um erfolgreich beschrittene Wege weiterhin zu gehen. Sie müssen aber immer dann in Frage gestellt werden, wenn sich Märkte, Werte, Mitbewerber, Produkte oder Kaufwünsche ändern."[18]

Sicherlich haben Sie sich bereits die Frage gestellt, was es mit der Illustration auf dem Buchcover auf sich hat. Hieran kann man sehr plakativ die Wirkung von Paradigmen und die Kraft der Auflösung von Widersprüchen durch die Suche nach neuen Freiheitsgraden verdeutlichen. Zunächst ein paar einleitende Worte zu der Herausforderung.

> „Das Haus vom Nikolaus ist ein Zeichenspiel und Rätsel für Kinder. Ziel ist es, ein ‚Haus' in einem Linienzug aus genau 8 Strecken zu zeichnen, ohne eine Strecke zweimal zu durchlaufen. Begleitet wird das Zeichnen mit dem simultan gesprochenen Reim aus 8 Silben: ‚Das ist das Haus vom Ni-ko-laus'."[19]

Unter der Prämisse, dass man am Punkt links unten in der Ecke startet und durchgezogene Linien von Punkt zu Punkt zeichnet, existieren einer mathematischen Betrachtung zufolge genau 44 Lösungen.[20] Hält man sich nun streng an die vorgegebenen Regeln, so scheint der mathematischen Logik folgend keine weitere Lösung möglich. Die innovative Neuinterpretation der Regel „Zeichne eine Punkt-zu-Punkt-Linie" und des Reims schafft neue Freiheitsgrade. Durch das Hinzufügen zweier weiterer Punkte im bisherigen Kreuzungspunkt der Linien in der Mitte des Hauses ändert sich nicht grundlegend die Gestalt, jedoch entsteht die Freiheit, eine Vielzahl weiterer Varianten für „Das ist das neue Haus vom Nikolaus" zu zeichnen.

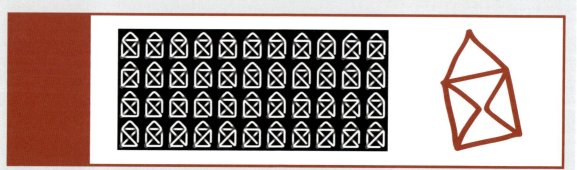

Abbildung 28: Die Überwindung des Paradigmas von „Das ist das Haus vom Nikolaus"
Quelle: Wikipedia und eigene Darstellung

Nun mag der genaue analytische Betrachter des Beispiels „Das Haus vom Nikolaus" genau festgestellt haben, dass die neuen Varianten nicht streng regelkonforme Lösungen sind. Das ist natürlich eine absolut richtige Feststellung. Nun beachten Sie bitte, dass es sich bei radikaler Innovation in der Regel genauso verhält. **Radikale Innovationsansätze „verletzen" in der Regel bewusst die etablierten Normen und die Branchenlogik – jedoch in einer Art und Weise, dass die Ansätze unter ethischen und nachhaltigen Gesichtspunkten vertretbar sind und dem Kunden einen entscheidenden Mehrwert bieten. Für radikale Innovation ist es deshalb in erster Linie wichtiger, die Frage zu beantworten, was einen entscheidenden Mehrwert in Zukunft darstellen kann, und nicht, welches Defizit bezüglich der Regelkonformität aktuell noch besteht. Denn wenn der Markt und die Ethik die Innovation akzeptieren, ist es nur eine Frage der Zeit, bis auch die Regeln der Entwicklungsrichtung folgen**. Reflektieren Sie dies bitte selbst an der aktuellen Entwicklung von Uber und Airbnb. Es ist ganz natürlich, dass die noch branchendominierenden Taxi- und Hotelunternehmen sich über die neuen Geschäftsmodelle von Uber und Airbnb beklagen. Es geht dabei um die Betreiberlizenzen bis hin zu Versicherungsaspekten der neuen Leistungsangebote von Uber und Airbnb. Wenn dem Kunden diese Aspekte im Moment noch zweitrangig erscheinen, dann bietet dies Raum für das Wachstum der neuen Marktbegleiter und damit die Möglichkeit, die etablierten Unternehmen mit ihren klassischen Geschäftsmodellen unter Druck zu setzen. **Wenn die neuartigen Geschäftsmodelle eine kritische Masse von Kunden erreicht haben und entsprechende Kundenrelevanz entwickelt haben, spätestens dann werden die etablierten Branchenregeln auch seitens der Legislative hinterfragt werden.**

Ein immer wiederkehrendes Muster der bisherigen Diskussionen ist, dass Entwicklung darauf beruht, bisher geltende Grenzen, limitierende Faktoren und Abhängigkeiten in einer Art und Weise neu zu verknüpfen, dass daraus Leistungsfähigkeit auf einem höheren Niveau entsteht. Damit stellt sich die Frage, wie mit der Kenntnis von Grenzen so umgegangen werden kann, dass daraus neues Potential entstehen kann.

> **„Die Lösung – wie bei allen Lösungen scheinbarer Widersprüche – besteht darin, dass wir vom Denken in Gegensätzen Abstand nehmen und die Art der Fragestellungen ändern, damit diese einen größeren Zusammenhang erfasst."[21]**

Wir brauchen also auch im Denken die Fähigkeit, den scheinbaren Gegensatz von Analytik und Kreativität konstruktiv zu nutzen. „Analytische Kreativität" schafft neue Freiheitsgrade im Denken und nutzt Widersprüche als ein Kernmodell zur systematischen Entwicklung radikaler und disruptiver Innovation. Nachfolgend wird die Fähigkeit, „krealytisch" zu denken im Zusammenhang mit der Überwindung von Widersprüchen vorgestellt (siehe auch Kapitel 5.2).

Die umfassende Analyse einer Herausforderung führt in der Regel zu einer Erkenntnis über die wesentlichen Zusammenhänge, die heute verhindern, dass zwei erstrebenswerte Ziele nicht gleichzeitig erreicht werden können. Diese Situationen werden als Zielkonflikte bezeichnet. Im üblichen Sprachgebrauch werden die Begriffe Zielkonflikt und Widerspruch nicht differenziert. Im Sinne von Innovation ist diese Differenzierung jedoch entscheidend. Ein klassischer Zielkonflikt benennt scheinbar nicht zu vereinende Anforderungen. Er bringt diese jedoch nicht in eine zwanghafte Abhängigkeit. Daher kann Zielkonflikten methodisch nur mit Kompromisslösungen begegnet werden.

Damit begründet sich das Potential von Innovation: das Streben nach einer Lösung jenseits der bisherigen Leistungsfähigkeit. Um diese Leistungsfähigkeit zu erzielen, muss jedoch zunächst die aktuelle Grenze erkannt werden. Das Vorgehen, Barrieren durch Widersprüche zu beschreiben, bietet den Vorteil, die Herausforderung zu abstrahieren. So wird es möglich, Anregungen in Feldern zu suchen, die auf konkretem Niveau kaum mit dem eigenen Feld in Beziehung gebracht werden können. Wird ein Zielkonflikt nach Linde um den logisch verbindenden Stellhebel zu einem vollständigen Widerspruchsmodell ergänzt, wird eine operationale Bewältigung in diesem Spannungsfeld erst möglich.[22]

Diese Größe ist einerseits die logische Begründung für die scheinbar ausweglose Situation. Andererseits bietet sie das Potential zur Formulierung innovativer Aufgabenstellungen. Die Forderung lautet, dass beide Ziele voll erreicht werden und nicht Kompromisse auf Kosten von Zielen entstehen sollen. Durch die innovative Lösung dieser paradoxen Herausforderung können allgemein akzeptierte Leistungsgrenzen gezielt verschoben werden. Innovative Lösungen verknüpfen Ziele und Führungsgrößen systematisch auf eine Art und Weise, die aus heutiger Sicht unmöglich erscheint. Sie lösen Zielkonflikte auf, indem durch neue Abhängigkeiten Ziele miteinander verbunden werden, deren gleichzeitige Erfüllung bisher nicht möglich war.

Das war schon so, als die Gewehre noch Vorderlader hießen[23] (siehe Abbildung 29). Einerseits sollten die Gewehrläufe möglichst lang sein, um die Treffsicherheit zu erhöhen. Andererseits sollten sie möglichst kurz sein, um Pulver und Kugeln von vorn schnell nachladen zu können und damit die Schussfrequenz zu steigern. Folglich widersprachen sich Treffsicherheit und Schussleistung. Noch um 1850 herum versuchten die Büchsenmacher, diesen Zielkonflikt durch einen Kompromiss in der Länge des Gewehrlaufes zu lösen.

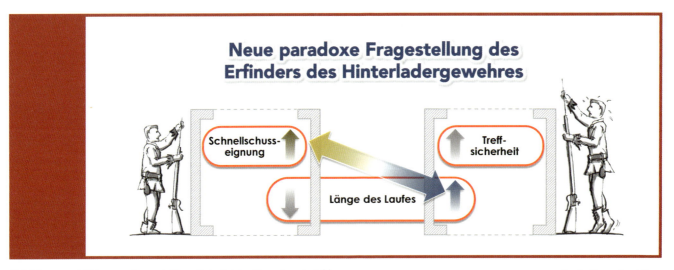

Abbildung 29: Widerspruchsmodell am Beispiel der Gewehrentwicklung   *Quelle: Eigene Darstellung*

Bis ein Erfinder sich fragte, warum die Gewehre eigentlich von vorn geladen werden mussten, schließlich wolle man doch nur nach vorn schießen.

Mit dieser neuen Sicht auf die paradoxe Herausforderung nach einem noch längeren Lauf, der trotzdem sehr schnell zur Erhöhung der Schussleistung nachgeladen werden kann, hat er den Hinterlader erfunden. Die Lösung verband bisher widersprüchliche Ziele auf überraschende Weise neu und führte dadurch zu einem revolutionären Sprung innerhalb der Schusswaffenentwicklung. Dieses Beispiel und zahlreiche weitere Erfolgsgeschichten haben uns gelehrt, dass eine „Paradoxie des Gelingens" existiert.

Online-Vertiefung
Wie Sie Widersprüche zu Ihren Herausforderungen erkennen und lösen können, erfahren Sie auf: www.wois-innovation.de/Widerspruchsmodell

Wird dieses abstrakte Denkmodell auf strategische Herausforderungen projiziert, so stellt sich ein Widerspruch folgendermaßen dar: Ein Ziel entstammt dem idealen Zukunftsbild. Die Führungsgröße entspricht dem klassischen Wettbewerbsmaßstab. Das Gegenziel entspricht einem Optimierungsziel der Wettbewerbslogik von heute. Durch gezieltes Querdenken im Rahmen des Widerspruchsmodells formuliert sich systematisch eine paradoxe Herausforderung mit folgenden Eigenschaften:

- Ist er einmal gelöst, hat der neue Ansatz auf jeden Fall erfinderische Höhe und ist damit patentwürdig.
- Der neue Ansatz ist auf jeden Fall leistungsfähiger als die bisherige Lösung.
- Experten werden überrascht sein.
- Die Fragestellung ist so abstrakt, dass der Analogieraum direkt auf andere Felder ausgeweitet werden kann.
- Die Fragestellung fokussiert das Suchfeld.
- Die richtig formulierte Frage ist häufig bereits mehr als die halbe Lösung.
- Das Naturell der Fragestellung gibt eine Orientierung, in welchem Analogiefeld eine Inspiration zur Lösung der paradoxen Aufgabe gefunden werden kann.

Die so erarbeitete Geisteshaltung bildet in ihrem Wesen eine rationale und zugleich kreative Auseinandersetzung mit fundamentalen Herausforderungen. Die Lösung liegt durch die formulierte Aufgabe zwar bei Weitem nicht auf der Hand, doch das erreichte Abstraktionsniveau bietet bereits ein hohes Potential zur Bildung von Analogien aus entfernten Bereichen — bei oberflächlicher Betrachtung sogar vollkommen anderer Natur. Die Fähigkeit zu abstrahieren spielt bei der Überwindung von Widersprüchen eine Schlüsselrolle. Auf einem höheren Abstraktionsniveau, auf dem der fundamentale Kern der Herausforderung klar auf den Punkt gebracht ist, sind die Suche und die Schöpfung von Lösungen freier von den limitierenden konkreten Rahmenbedingungen des Feldes, aus dem der Widerspruch entsprungen ist. Lösungsprinzipien lassen sich im abstrakteren Umfeld grundsätzlich unbefangener wahrnehmen und diskutieren. Wenn ein inspirierender Lösungsgedanke in einem fremden Feld gefunden ist, besteht nun die Herausforderung der Rückwärtsübertragung in eine relevante Lösung für das eigene Feld. Hier ist das vorhandene Experten-Know-how wiederum entscheidend. Es ist sicherzustellen, dass die neue Lösung auf Basis des neuen Prinzips für das bestehende Feld zweckmäßig ist und auch aktuell noch wichtige Rahmenbedingungen nicht verletzt. Die Lösung von Widersprüchen kann folglich als eine Transformationsleistung von konkreten Herausforderungen innerhalb einer bestehenden Logik hin zu abstrakten Lösungsprinzipien und hin zu konkreten Innovationsansätzen mit einer neuen Logik beschrieben werden (siehe Abbildung 30).

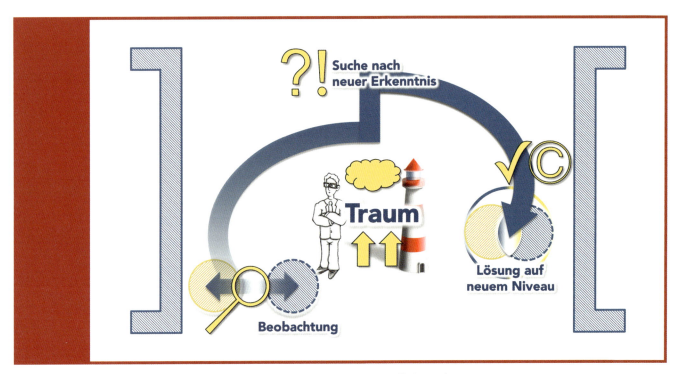

Abbildung 30: Der Traum als Abstraktionsgrundlage bei der Suche nach neuen Freiheitsgraden   *Quelle: Eigene Darstellung*

Ganz entscheidend für diese Transformationsleistung ist es, aktuelle Entwicklungsstände nicht als unveränderbar hinzunehmen. Im Kern erfordert dieser Prozess zweierlei: zum einen den Traum von einer Zukunft zuzulassen, die mit den bestehenden Regeln bricht; zum anderen die tiefgründige Überzeugung, dass die heute geltenden Grenzen überwindbar sind. Lösungen, die dazu beitragen, die Lücke zwischen der Situation heute und dem Szenario der radikal idealen Zukunft zu schließen, liegen im Fokus. Scheinbar „attraktive Ideen", die jedoch keinen Beitrag hierzu liefern, mögen „nice to have" sein, sind jedoch strategisch von

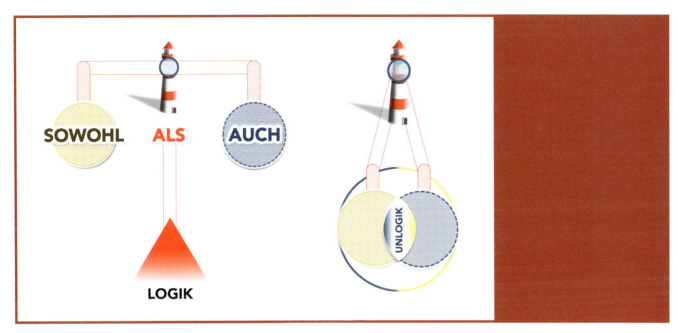

Abbildung 31: Widerspruchsdenken und die Unlogik von Leuchttürmen auf dem Weg zu neuen Freiheitsgraden *Quelle: Eigene Darstellung*

untergeordneter Bedeutung. Viel mehr gilt es, mit einer Sowohl-als-auch-Forderung einer unlogischen und damit scheinbar ausweglosen Situation mit einer Geisteshaltung zu begegnen, die es erlaubt, bestehende Regeln zu brechen. Mit diesem Ansatz kann eine radikale Zukunftsvision, die wie ein Leuchtturm in der Ferne auftaucht, erreicht werden. Doch dazu muss im ersten Schritt zunächst ein Traum von der Zukunft entwickelt werden. (siehe Abbildung 31).

Die Frage steht jedoch im Raum: Wie ist es möglich, mit dem Delta — also den Barrieren, die auf dem Weg zur Zukunft liegen — arbeiten zu können? Es geht darum, die heute geglaubten Regeln zu erkennen, um diese systematisch durchbrechen zu können. Bei mangelnder Wettbewerbsdifferenzierung fordert das Unternehmensmanagement häufig Paradigmenwechsel ein.[24] In der strategischen Ausgestaltung stellt sich jedoch die Frage, wie diese abstrakte Forderung in konkrete Maßnahmen umgesetzt werden kann.

Das Widerspruchsmodell verknüpft systematisch die Leistungsgrenzen von heute mit dem Bild der Zukunft und baut auf diese Weise die mentale Brücke für die Verschiebung der bestehenden Leistungsgrenze und somit den Durchbruch der bestehenden Branchenlogik.

4.3 WOIS-Innovationsentwicklungsprozess bei Hilti

Als ausführliches Beispiel soll nun der Innovationsprozess beim Werkzeughersteller Hilti dargestellt werden: Das Unternehmen nutzt die Widerspruchsorientierte Innovationsstrategie (WOIS) seit ca. fünfzehn Jahren.[25] Für das erste WOIS-Innovationsprojekt bildete Hilti ein Innovationsteam aus Mitarbeitern aller relevanten Unternehmensfraktionen entlang der Wertschöpfungskette. Das Team suchte nach Innovationspotentialen im Meißelgeschäft. Auf Basis der umfassenden Perspektiven ergab sich damals folgendes Bild: Die Wertschöpfung war durch gute Margen gekennzeichnet. Trotzdem sollte die Frage nach der zukünftigen Entwicklungsrichtung gestellt werden. Im Markt war zu beobachten, dass die Hilti-Meißel nicht mehr differenziert genug wahrgenommen wurden. Das widersprach dem hohen Anspruch des Brand-Claims: „Hilti. Outperform. Outlast." Im Produktportfolio wurden die Meißel als Kernprodukt gesehen, weil sie gemeinsam mit den Abbaugeräten ein System bildeten. Trotzdem hatten sie sich in den vergangenen Jahrzehnten kaum weiterentwickelt. Zunächst war die dahinterliegende Herausforderung unklar. Hilti beschloss, das Innovationspotential bei den Meißelprodukten auszureizen, um einen neuen USP zu kreieren und dann Geschäftsmodellanpassungen über die inneren und äußeren Prozesse bis zur neuen Gewinnformel durchzuführen.

Im darauffolgenden Produkt-Innovationsprojekt brachte das Hilti-Team seine Erfahrungen aus bisher durchgeführten Entwicklungsprozessen ein. Bis dahin gefertigte Meißel wurden nach wenigen Betriebsstunden stumpf und mussten in einem aufwendigen Prozess nachgeschmiedet und -geschliffen werden. Kundenorientierte Nutzungsanalysen zeigten, dass auf den Baustellen zum Teil sogar mehrere Meißel vorgehalten werden mussten, um die stumpfgewordenen und in der Wartung befindlichen Meißel zu kompensieren. Die damalige Meißel-Entwicklung bewegte sich im Denkrahmen der Werkstoffausreizung: Es wurde versucht, die Meißelspitze durch immer edlere Werkstoffe gegen Verschleiß zu schützen. Hierzu wurden die Meißel mit Hartmetall- oder Diamantspitzen ausgerüstet. Bei diesen Lösungen wären jedoch Fertigungsaufwand und damit der Preis für die Kunden stark gestiegen. Diese Logik schien damals auch dem Denkrahmen der gesamten Branche zu entsprechen. Auch ingenieurtechnisch wäre die Herausforderung nicht sehr hoch gewesen, mit Werkstoffen die Abbauleistung zu steigern. Entwicklungen dieser Natur würden dem Muster „Mehr für Mehr" folgen. Es galt also, den Widerspruch zwischen höherer Abbauleistung bzw. niedrigerem Verschleiß und dem geringeren Herstellaufwand über die logische Abhängigkeit zur Materialqualität zu lösen (siehe Abbildung 32).

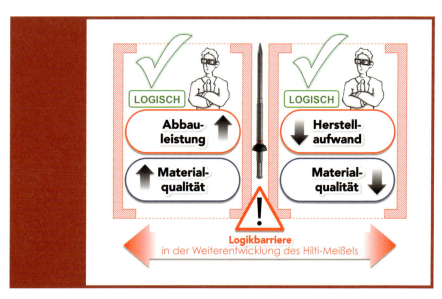

Abbildung 32: Hilti – widersprüchliche Herausforderungen   *Quelle: Eigene Darstellung*

Überwunden wurden die Grenzen des bestehenden Denkrahmens durch die paradoxe Forderung: „Reduzierung des Verschleißes, ohne dass hochwertigere Werkstoffe erforderlich sind!" Damit war eine Aufgabenstellung formuliert, die die damals akzeptierte Branchenlogik gezielt hinterfragte. Die Forderung eröffnete die Sicht für neue Suchrichtungen jenseits der Gestaltungsdimension „Material" (siehe Abbildung 33).

Wie bereits in Kapitel 3.4 erwähnt, lautet die WOIS-Erfolgsformel: „Erhöhung des Nutzens durch Selbstbewegung und zugleich Reduzierung des Aufwands durch weniger Stoff-, Energie-, Raum- und Zeitbedarf" (siehe Abbildung 16). Aus dieser These wurde für den Meißel das Ziel „Selbstschärfung" abgeleitet. Mit dieser Geisteshaltung untersuchte das Innovationsteam den Meißel von der Spitze bis zur Einspannstelle nach Potential. Durch diese ausweitende Sicht auf weitere Gestaltungsparameter wurde die Bedeutung der Dimension „Geometrie" neu definiert. Ein auffälliger

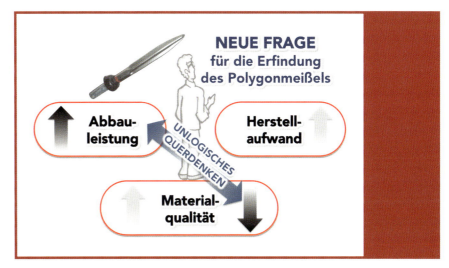

Abbildung 33: Hilti – paradoxe Herausforderung   *Quelle: Eigene Darstellung*

und immer wichtiger werdender Aspekt war der Anschliff der Meißelspitze, deren gegenüberliegende Vierkantflächen im Querschnitt „viel zu parallel" lagen. Dieser „ordentliche Anschliff" war nach WOIS-Grundgesetzen höchst verdächtig. Unsere These lautete: „In der Natur ist nichts richtig gerade, aber alles gerade richtig!" Das Hilti-Team konnte es bestätigen: Die Meißelgeometrie war der Grund dafür, dass der Meißel im Abbauprozess immer wieder stecken geblieben ist. Die Flächen waren so parallel angeordnet, wie sie in der Natur zum Beispiel bei Spechten oder anderen Vögeln, die ihren Schnabel zum Abbau fester Materialien verwenden, nicht zu finden sind. Diese Erkenntnis bewog das Team dazu, über die Kraftvektoren nachzudenken, die auf die Abbauleistung einwirken. Dabei zeigte sich auch, dass sich in der ursprünglichen Form des Meißels die Kräfte gegenseitig aufhoben. Daraus folgerten wir, dass die Lösung des Widerspruchs an der Schnittstelle der Kraftlinien zu suchen war. Mit dem zweiten Entwurf, der den Ansatz „fokussierende Streuung" umsetzte, konnten wir die Abbauleistung um 40 Prozent trotz geringerem Materialeinsatz erhöhen. Das war die effektivste Lösung. Jedoch erwies sich hier die Fertigung als Barriere. Hilti hatte zu diesem Zeitpunkt in neue Walzanlagen investiert, die dieses Meißelprofil nicht abbilden konnten. Der Widerspruch, den es nun zu lösen galt, lautete: mehr Abbauleistung trotz Nutzung vorhandener Prozesstechnologie. Daher wurde wieder eine Geometrie benötigt, die gegenüberliegende Flächen aufweist. So entstand in einem halben Jahr Entwicklungszeit das finale Design des Meißels, bei dem sich die Kraftvektoren dennoch schneiden. Dies bewirkt zwei Effekte: Erstens verklemmt sich der Meißel weniger im Untergrund. Zweitens ist der Meißel innen aus einer massiven Seele und außen aus dünneren Flügeln aufgebaut, die sich schneller abbauen. So bleibt die Spitze länger stehen, und die Geometrie schärft sich selbst. Hilti bewirbt seine neue Meißelgeneration mit dem Slogan „Spitzenleistung ohne Nachschärfen" (siehe Abbildung 34).

Die Überwindung der Barriere des Denkrahmens „Verschleiß ist negativ und muss durch höhere Materialqualität verhindert werden" eröffnete eine neue Sicht. Die innovative Lösung des Widerspruchs durch funktionsorientierten Verschleiß transformierte die negativ belegte Eigenschaft „Verschleiß" zu einer neuen Leistungsfähigkeit durch „Selbstschärfung". Mit dem widerspruchsorientieren Innovationsprojekt

83

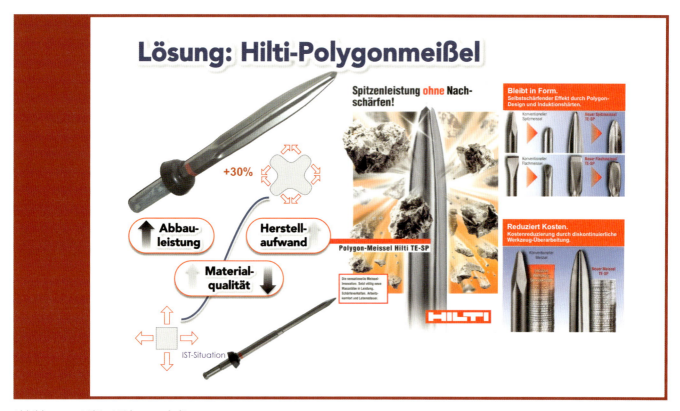

Abbildung 34: Hilti – Widerspruchslösung *Quelle: Eigene Darstellung*

konnte Hilti eine Win-win-Situation erschaffen: Die Kunden investieren einmalig etwas mehr Geld in den neuen Meißel, wodurch sich die Wertschöpfung für Hilti steigert. Im Ergebnis ist der Meißel für die Kunden jedoch günstiger, weil der Nachschärfeprozess entfällt und sie dadurch weniger Meißel auf der Baustelle vorhalten müssen. Somit fügt sich die neue Meißel-Generation optimal in die komplette Wertschöpfungskette von der Maschine über das Verbrauchsmaterial bis hin zum Nutzen für den Kunden und Hilti ein. Das ist eine Hilti-Erfolgsgeschichte.

> Es gilt: „Some people dream, some people do"[26] … We have to do both!

4.4 Trends vs. Muster der Höherentwicklung

Wenn es nicht gelingt, an scheinbar unerreichbaren Zielen im Sinne eines „Zukunftstraums" festzuhalten, werden wir dort niemals ankommen können. Im Umkehrschluss bedeutet dies auch, wenn es gelingt, dass sich ein Entwicklungsteam von einem Zukunftsbild inspirieren lässt, wundert sich der Wettbewerb nicht selten nachträglich, was alles möglich ist. Häufig wird die Notwendigkeit, einen scheinbar unvernünftigen Traum — eine unrealistische, unvernünftige, ja unmögliche Forderung — zuzulassen, schlicht unterschätzt.

Beispiel: Leonardo da Vinci

Durch die Arbeitsweise von Leonardo, seine Gedanken intensiv illustriert zu dokumentieren, ist der Entstehungsprozess seiner Entwicklungen auch heute noch sehr gut nachzuvollziehen. Seine Exponate sind im Museum hervorragend dokumentiert und ausgestellt. Leonardo da Vinci war angetrieben von dem Traum, Menschen das Fliegen zu ermöglichen. Der Gedanke hat ihn umgetrieben. Aufgrund dieser Vorspannung war eine Tatsache für Leonardo „erstaunlich", die jeder andere Mensch auf der Welt zuvor auch gesehen, nur nicht so wahrgenommen hat. Leonardo hat es erstaunt, wie Blätter und Federn im Wind segeln, wohingegen Steine fallen (siehe Abbildung 35). Diese Beobachtung hat Leonardo inspiriert. Ohne den Traum vom Fliegen wäre es Leonardo wohl nicht anders ergangen wie jedem anderen Menschen auch. Er hätte die Tatsache wohl genauso akzeptiert, wie alle anderen vor ihm auch. Dokumentiert hat er seinen Gedankengang in Form von Skizzen. Aus diesen könnte man folgende Überlegungen, die in Abbildung 35 dargestellt sind, interpretieren. Warum verhalten sich Blätter und Federn eher so wie gewünscht, wohingegen Steine sich eher so verhalten, wie es zu vermeiden wäre? Leonardos Skizzen zeigen: Er hat das Prinzip des Auftriebs für sich erkannt und die Abhängigkeit von aktiver Auftriebsfläche zu Gewicht als Stellgröße beschrieben. Diese abstrakte Erkenntnis nutzte Leonardo anschließend, um erste Skizzen von einem Fallschirm zu zeichnen. Ein mutiger Franzose hat zwischenzeitlich gezeigt, dass das Fluggerät von Leonardo funktioniert.

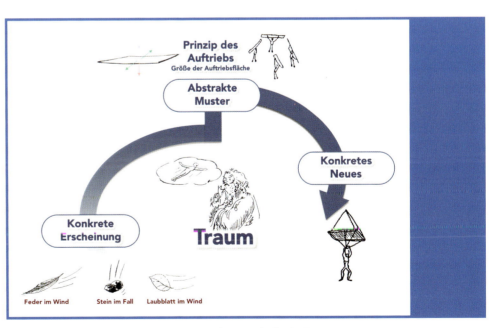

Abbildung 35: Abstraktionsreigen am Beispiel Leonardo da Vincis

Quelle: Eigene Darstellung in Anlehnung an Leonardo da Vinci

Das Beispiel von Leonardo da Vinci verdeutlicht die Bedeutung und die Wirkung eines starken Traums. Ohne den Traum vom Fliegen hätte die Inspiration nicht stattgefunden und der gesamte Ausgestaltungsprozess nicht begonnen werden können. Der Abstraktionsreigen in Abbildung 35 zeigt, wie aus einer konkreten Erscheinung über die Abstraktion der dahinterliegenden Muster konkretes Neues entstehen kann. Der Kern eines solchen Prozesses ist dabei, für eine Lösung jenseits des heute Denkbaren zu brennen. Ohne den Traum wird ein möglicher Ansatz verkümmern. Die Intention, Dinge zu verändern, und der feste Glaube daran, dass dies möglich ist, legen den Grundstein aller bahnbrechenden Entwicklungen!

> **Einer, der will, schafft mehr als zehn, die müssen!**

Kognitionswissenschaftlicher, Mediziner und Hirnforscher haben festgestellt, dass die Hirnaktivität situationsabhängig stark differiert. Sind Situationen eher vertraut, besteht die Möglichkeit, auf bewährte kognitive Muster und Strategien zurückzugreifen[27] (siehe linke Seite der Abbildung 36). Dabei befindet sich die Hirnaktivität relativ zu neuartigen Situationen auf einem niedrigeren Niveau. Es besteht die Möglichkeit der unmittelbaren Anwendbarkeit und Analogisierung von bereits vorhandenen Erfahrungen. Das Aufmerksamkeitsniveau ist niedriger. Damit sinkt gleichzeitig die Sensibilität zur Wahrnehmung schwacher, neuer Signale, die wertvolle Impulse für Neues darstellen können. Dieser psychologische Effekt beruht auf der Tatsache, dass Situationen evolutionär geprägt immer an bereits erlebten Momenten gespiegelt werden, um so kurzfristige Handlungsfähigkeit und Entscheidungen rasch herzustellen. Werden Situationen fehlerhafterweise bekannten Mustern zugeordnet, kann dies der Grund für folgenschwere Aufmerksamkeitsdefizite und Fehlentscheidungen sein. Hochautomatisierte Abläufe im Denken müssten für eine bessere Einschätzung von Situationen aktiv bewusster gestaltet werden, um das Wahrnehmungsniveau und damit die Effektivität von Denkprozessen zu steigern.

Die Steigerung der Hirnaktivität allein ist jedoch auch keine Lösung: Werden Probanden mit Herausforderungen konfrontiert, wo implizit die Erkenntnis besteht, dass bestehende Handlungsmuster nicht für die

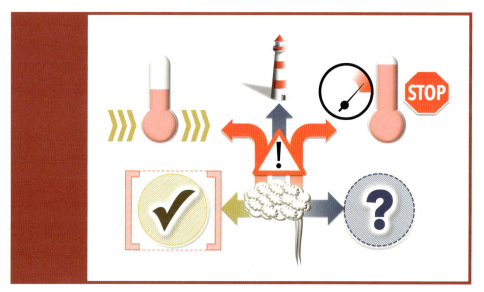

Abbildung 36: Leuchtturm zur Steigerung des strategischen Bewusstseins   *Quelle: Eigene Darstellung*

Lösungsfindung geeignet sind, zeigt das Hirn einen Zustand erhöhter Aktivität.[28] Fühlt sich der Proband mit der Herausforderung überlastet bzw. gefährdet, greifen psychosomatische Effekte, die zu kritischen körperlichen Stresszuständen führen. Der Herzschlag wird unregelmäßig. Das Hirn schaltet auf fundamentale Überlebensstrategien und damit auf einen Zustand, in dem nur noch auf primitivste Denk- und Verhaltensmuster, wie zum Beispiel Flucht- und Angriff, zurückgegriffen werden kann (siehe rechte Seite der Abbildung 36). Analytische Lösungsfindung ist in diesem Zustand unmöglich.

Aufgrund dieser polaren Ausprägungen der Hirnaktivität wird deutlich, dass Neugestaltungsprozesse individuelle Vorgehensweisen erfordern. Unterforderung unterbindet Wahrnehmung. Überforderung reduziert menschliche Verhaltensmuster auf die Ebene von Reflexen. Damit muss die Bildung des Leuchtturms im Innovationsprozess bewusst und für alle Teammitglieder transparent gestaltet werden.

Für die Suche nach neuen Ansätzen ist der Zwischenzustand erhöhter Hirnaktivität anstrebenswert, der uns befähigt, schwache Signale wahrzunehmen und diese mit neuen Perspektiven zu verknüpfen. Erforderlich ist ein Zustand kognitiver Souveränität.[29] Weder Routine noch Panik sind für die gewünschten Prozesse dienlich. Leiden wir durch unser hohes Maß an Analysefähigkeit daran, dass es schwerfällt, Bekanntes zu hinterfragen, so liegt die Reaktion nahe, nach Möglichkeiten des Ausbrechens zu suchen. Es ist ein weitverbreiteter Glaube, dass ein hohes Maß an Kreativität die Grundlage bilden kann, um ausgereizte Denkpfade zu verlassen.

> „Befreit von Blockierungen des zweckrationalen, wohlgeordneten, disziplinierten und kontrollierten Denkens sieht man in der Kreativität das originelle, aus dem Unbewussten strömende, gefühlsbetonte, sich selbst verwirklichende Erleben."[30]

Diese Kreativität ist gekennzeichnet durch offene Denkprozesse, freies Assoziationsvermögen und gestützt auf menschliche Intuition. Kreativitätsmethoden für laterale Sichten, kombiniert mit der Fokussierung durch die Orientierung auf Schlüsselwidersprüche, erhöhen maßgeblich die Qualität der Innovationsbestrebungen. Dabei ist das Widerspruchsmodell als ein mental offenes und strategisch fokussierendes Entwicklungssystem zu betrachten (siehe Abbildung 37). Die Integration von Analyse und Kreativität führt zu einer Situation, in der die strategische Orientierung und damit die Fokussierung mit lateralem Denken und damit der Öffnung für Neues verbunden werden. Die Kombination von Leuchtturm-Orientierung und dialektischem Denken in Form von Widersprüchen inspiriert zu neuen Ansätzen jenseits des bestehenden Denkrahmens. Abbildung 37 zeigt, wie durch die Orientierung an einem Traum (Leuchtturms) die beiden konkreten Ziele des Widerspruchs zur Synthese gebracht werden können, um auf der Spirale der Höherentwicklung einen Innovationsdurchbruch zu provozieren. Die Kombination beider Elemente hilft, ungewöhnliche Perspektiven einzunehmen, und erhöht damit die Wahrscheinlichkeit, potentialreiche Ansätze zu finden. Zu geeigneten Tools und Methoden gibt es umfassende Literatur, so dass auf diese Diskussion hier verzichtet werden soll.

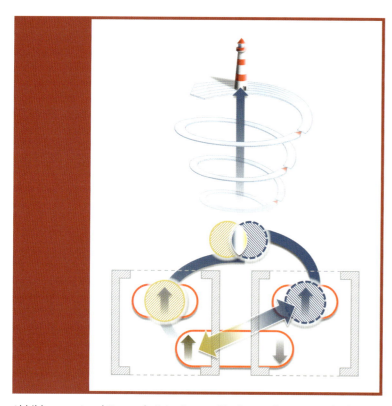

Abbildung 37: Leuchtturm als Orientierung für die paradoxe Herausforderung
Quelle: Eigene Darstellung

Die beschriebene Kombination reicht noch nicht aus. Es fehlt neben rationalen Sichten die Perspektive der Emotionalität: die Frage nach dem Bauchgefühl und den tiefen inneren Überzeugungen. Es geht nicht um das rationale Bekenntnis, etwas Positives beizutragen. Das soll niemandem, der an Innovationsprozessen teilnimmt, in Abrede gestellt werden. Es geht vielmehr um das tiefe innere Bauchgefühl und die Frage des „Sich zutiefst darauf einlassen"-Könnens. Für Experten geht es also um die Frage nach einer Argumentationsinstanz, die stark genug ist, um GEGEN die rationalen Argumente der jahrelang aufgebauten Lebenserfahrung anzutreten. Stark genug, um das Glauben an Möglichkeiten, die bisher noch nicht einmal beschreibbar sind, zu ermöglichen. Deshalb soll der Diskussionsfokus auf strategische Orientierungsmittel gelenkt werden, die auch als „verstecke Erfolgsmuster" für Entwicklungen verstanden werden können. Es sollen die folgenden Fragen beantwortet werden:

> **Wie kann für neuartige Lösungsansätze die Argumentations- und Prognosesicherheit erhöht werden? Mit welchen Argumenten „jenseits der persönlichen Intuition" ist es möglich, die Erfolgswahrscheinlichkeiten von Konzepten argumentativ zu untermauern?**

In zahlreichen Publikationen werden an dieser Stelle Trends, Mega-Trends und Meta-Trends zu Rate gezogen.[31] Leider unterliegen Trends Lebenszyklen und sind teilweise sehr stark von kulturellen, regionalen, Markt- und Wettbewerbsumfeldbedingungen abhängig. Einerseits sind sie eine hilfreiche taktische Stütze, geben aber andererseits für grundlegende strategische Richtungsentscheidungen nicht ausreichend Orientierungssicherheit. Es wäre ideal, wenn es möglich wäre, mit „Stufenleitern der Höherentwicklung" zu argumentieren, also Muster zu finden, die nicht wie Trends einem permanenten Wandel unterliegen, sondern als generelle Muster von Höherentwicklung ein stärkeres Maß an Orientierung bieten. Trends sind eine stärkere Ausprägung von Rauschen, Signalen und Entwicklungstendenzen, die für Richtungsentscheidungen diffuse Situationen erzeugen können. Die Suche zielt auf Muster, die darüber hinausgehen, Muster, die mit hoher Wahrscheinlichkeit, branchen- und regionenunabhängig Orientierung geben. Es stellt sich die Frage, ob es eine Übersicht dieser „versteckten Mustern der Höherentwicklung" gibt, die allgemeingültig zu Rate gezogen werden können.

Im Rahmen von umfangreichen Recherchen konnten derartige Muster in Publikationen unterschiedlichen Hintergrundes gefunden werden.[32] In acht Gruppen von Gesetzmäßigkeiten der Höherentwicklung konnten Stufenleitern der Höherentwicklung identifiziert werden, die es ermöglichen, den aktuellen Entwicklungsstand zu charakterisieren und dabei gleichzeitig eine Orientierung zu erhalten, welchem Muster folgend die Evolution aller Voraussicht nach weiter voranschreiten wird. Abbildung 38 zeigt — im Sinne der praktischen Anwendbarkeit — die drei wichtigsten Gruppen Etappen, Gesetze und Schritte auf. Durch die Nutzung der Gesetzmäßigkeiten der Höherentwicklung entstehen parallel mehrere Effekte:

- Der aktuelle Entwicklungsstand kann bezogen auf die Wettbewerbspositionierung charakterisiert werden.

- Zukunftsorientierte Denkrichtungen werden gezielt angeregt.

- Auf Basis der Allgemeingültigkeit der Gesetzmäßigkeiten entsteht Argumentations- und Prognosesicherheit für Zukunftsrichtungen.

Abbildung 38: Übersicht über Gesetzmäßigkeiten der Höherentwicklung
Quelle: Eigene Darstellung in Anlehnung an Reichel, 1984, S. 11–21, 31, 72, 78–80; Altschuller, 1984, S. 86–95

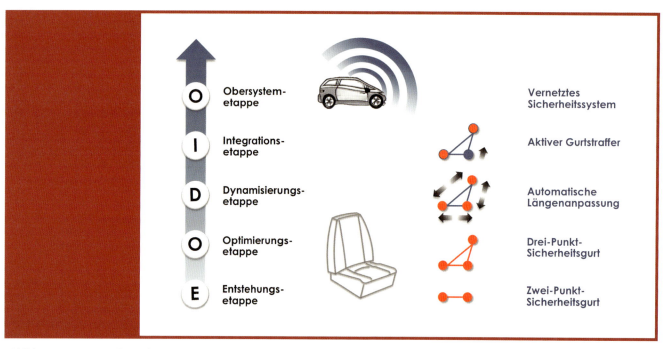

Abbildung 39: Etappen der Höherentwicklung am Beispiel des Sicherheitsgurtes

Quelle: Eigene Darstellung

Im Rahmen der Gesetzmäßigkeiten der Höherentwicklung stechen insbesondere die Etappen der Höherentwicklung aufgrund ihrer einfachen und zugleich schnellen praktischen Anwendbarkeit heraus. Mit den Etappen kann sowohl der Entwicklungsstand von Systemen untersucht als auch ihre Höherentwicklung angeregt werden. Die Etappen beschreiben die unterschiedlichen Entwicklungsniveaus, die von Systemen durchlaufen werden. Dabei unterliegt die Entwicklung jedoch nicht dem Zwang, die Etappen nacheinander zu durchlaufen. Insbesondere innerhalb der technischen Entwicklung hat es sich gezeigt, dass Systeme einzelne Etappen auch überspringen können. Die Etappen der Höherentwicklung sind durch die einzelnen Entwicklungsetappen Entstehung, Optimierung, Dynamisierung, Integration und Obersystem charakterisiert (siehe im Folgenden Abbildung 39).

Die **Entstehungsetappe** beschreibt die erste Umsetzung einer Problemlösung. Innerhalb dieser Etappe werden für eine Idee mehrere funktionsfähige Prinziplösungen erarbeitet, die bisher nicht erkannte Bedarfe bzw. latente Wünsche der Kunden erstmals abdecken. Im Bereich der Personenschutzsysteme wurden Anfang und Mitte des 19. Jahrhunderts unterschiedliche Systeme entwickelt und vermarktet. In den 1950er Jahren gab es neben dem Vier-Punkt-Gurt im Rennsport auch den Zwei-Punkt-Gurt für Pkw. Die Länge des Zwei-Punkt-Gurtes war zu dieser Zeit fest voreingestellt. Er erfüllte die primäre Sicherungsfunktion jedoch nur rudimentär.

Systeme, die einen tatsächlichen Mehrwert generieren, durchlaufen im Anschluss an die Entstehungsetappe die **Optimierungsetappe**. Dabei wird die ursprünglich erarbeitete Lösung unter Beibehaltung des Prinzips für eine spezielle Nutzungsphase optimiert. Der Sicherheitsgurt wurde bezüglich der Rückhaltefunktion optimiert. Es entstand der Drei-Punkt-Gurt, der sowohl das Becken als auch den Oberkörper zurückhält. Die Optimierungsetappe ist charakterisiert durch eine Herausbildung von optimalen Strukturen für bestimmte Situationen und zeitliche Nutzungsphasen. Es werden bereits erkannte, aber bisweilen nicht erfüllte oder neu herauskristallisierte Anforderungen realisiert. Dabei nähern sich die Systeme unterschiedlichen Ursprungs in ihrer Ausgestaltung aneinander an. Es entsteht ein quasi standardisiertes Optimum, das oftmals die Grundlage für Normungen bildet. Das Drei-Punkt-Gurt-Rückhaltesystem kann sich bis heute gegen Alternativen behaupten.

Das optimierte System ist ideal für eine Nutzungsphase bzw. einen Nutzungszustand. So ist die Optimierungsetappe nicht das Ende der Höherentwicklung eines Systems, sondern vielmehr der Startpunkt für eine diversifizierte Weiterentwicklung und Ausweitung. Innerhalb der **Dynamisierungsetappe** erfolgt die Anpassung des optimalen Systems an unterschiedliche Nutzungsphasen und -zustände. Das System wird weiterentwickelt, so dass eine Anpassung an die verschiedenen Bedingungen während der Nutzung möglich ist. Die für einen bestimmten Zustand optimale Lösung wird auf mehrere Zustände ausgeweitet. Des Weiteren werden die verbliebenen systemeigenen Entwicklungsmöglichkeiten ausgeschöpft. Der Sicherheitsgurt wurde im Hinblick auf die Längeneinstellbarkeit dynamisiert. Dadurch kann er optimal an unterschiedliche menschliche Parameter, wie zum Beispiel Körpergröße und Körperumfang, und damit an unterschiedliche Nutzungszustände angepasst werden. Der Sicherheitsgurt passt sich heute von selbst bzw. automatisch dem jeweiligen Fahrer an.

Sobald die Höherentwicklung des Systems durch Dynamisierung nicht mehr möglich ist, müssen neue Funktionen integriert werden. Innerhalb der **Integrationsetappe** wird die Leistungsfähigkeit eines Systems durch die Überwindung der eigenen Systemgrenzen gesteigert. Das System erhält ein neues Teilsystem, das in den Systemumfang integriert wird. Die Integrationsetappe ist ebenso wie die Optimierungsetappe ein Startpunkt für eine diversifizierte Weiterentwicklung des Systems. Dem Sicherheitsgurt-System wurde unter anderem ein aktiver Gurtstraffer hinzugefügt. Dieser zieht den Gurt im Crashfall an und fixiert die Insassen in einer optimalen Halteposition. Dadurch kann bei einem Unfall die Sicherheit der Insassen gewährleistet werden.

Sind die Entwicklungsmöglichkeiten in der Integrationsetappe erschöpft, erfolgt die Integration des Systems selbst in ein Obersystem. Dabei werden die systemspezifischen Leistungsgrenzen und Bedarfe auf einer höheren Ebene überwunden. Die **Obersystemetappe** ist durch die Vernetzung von themenbezogenen Systemfunktionen zu einem leistungsfähigeren Gesamtsystem gekennzeichnet. Durch das Zusammenwirken der einzelnen Systeme können neue Freiheitsgrade und damit Funktionalitäten geschaffen werden. Beim Pkw konnte durch die Vernetzung vom Sicherheitsgurt, Sitzsystem, Airbag, Pre-Crash-Sensorik usw. ein leistungsfähigeres Gesamtfahrzeug-Sicherheitssystem geschaffen werden, das sich bereits vor dem Crash in die dafür optimale Position bringt. Aktuelle Obersystementwicklungen haben das Ziel, den Crash gänzlich zu vermeiden.

Die aufgezeigten Muster sind derart grundlegend, dass wider besseres Wissen um die bestehende Logik ein Glaube an die Richtung entstehen kann. Es geht um Begeisterungsfähigkeit, Grenzen nicht als Risiko,

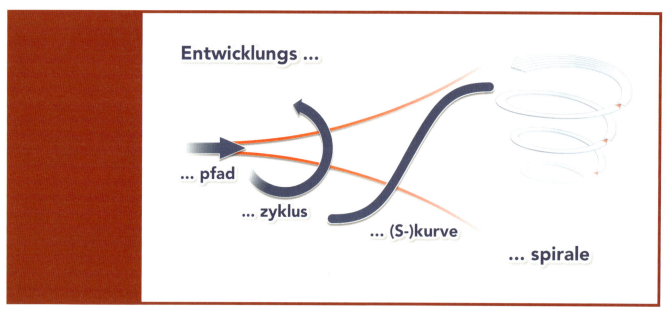

Abbildung 40: Modelle zur Beschreibung von Entwicklung
Quelle: Eigene Darstellung in Anlehnung an Reichel, 1984, S. 11–21, 31, 72, 78–80; Altschuller, 1984, S. 86–95

sondern als Chance für Weiterentwicklung zu verstehen. Diese wird dadurch unterstützt, dass nicht das Bauchgefühl dominiert, „immer wieder alles neu erfinden zu müssen", sondern Erfolgsmuster zu potentialreichen Entwicklungsrichtungen inspirieren. So entsteht Orientierung, die über die Anregungskraft klassischer Kreativitätstechniken weit hinausgeht. Zudem liefern die Grundgesetzmäßigkeiten der Höherentwicklung Anregungen, wie ein generelles Muster für die Beschreibung von Entwicklungsprozessen aufgebaut werden kann. Abbildung 40 zeigt die evolutionäre Entwicklung der Modelle zur Beschreibung der Höherentwicklung. Historisch gesehen, wurden ursprünglich Momentbetrachtungen in Form von Entwicklungspfaden durchgeführt. Diese wurden von Sichtweisen in Form von Entwicklungszyklen abgelöst. Mit dem S-Kurven-Modell kann gezeigt werden, dass Entwicklungen nicht linear verlaufen und wiederkehrend Sprünge auftreten.[33] Das S-Kurven-Modell wird nach Horx allerdings nicht der Erklärung von Megatrends gerecht.[34]

Die Grundgesetze der Höherentwicklung legen nahe, dass ein zweidimensionales Modell als generelles Muster für Höherentwicklung nur eingeschränkt geeignet ist.[35] Es gilt, Höherentwicklung in Kombination mit Wiederkehr abzubilden. Diese Kombination legt eine dreidimensionale Helix-Geometrie in Form einer Entwicklungsspirale nahe.

Das erste Grundgesetz „Negation der Negation" spricht dafür, dass erfolgreiche Muster der Vergangenheit auf neuem Niveau wieder aufgegriffen werden. Dieses Muster wird eindrucksvoll durch die Neuinterpretation der Windmühle durch moderne Windkraftanlagen bestätigt (siehe Abbildung 41 links). Daher sind für Innovationsprojekte auch „gescheiterte Entwicklungsprojekte" der Vergangenheit und die Inhalte alter Patente hochinteressant. Nicht selten kann es gelingen, die vergangenen schöpferischen Ansätze auf neuem Niveau, mit neuen Prozessen, neuen Netzwerken für veränderte Zielgruppen neu aufzugreifen.

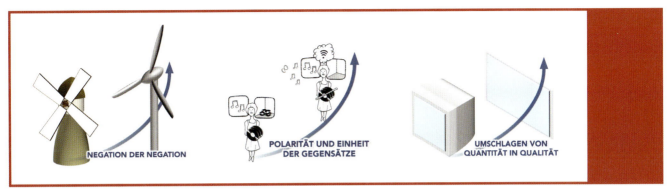

Abbildung 41: Grundgesetze der Höherentwicklung   *Quelle: Eigene Darstellung*

Das zweite Grundgesetz „Polarität und Einheit" beschreibt das Muster, dass auf dem Weg der Höherentwicklung immer wieder Heißlaufstellen auftreten, die als Widerspruchsbarrieren interpretiert werden können. Diese sind auf der Spirale der Höherentwicklung als rote Unterbrechungen der Spirale dargestellt (siehe Abbildung 40). Gelingt es, diese zu überwinden, entsteht häufig aufgrund neu gebildeter Wettbewerbsregeln ein sehr profitables neues Feld. Am Beispiel der Musikbranche lässt sich das disruptive Potential dieses Musters plakativ erkennen: So hebelten Streaming-Dienste das Geschäftsmodell der klassischen Plattenfirmen aus, indem sie es ermöglichten, dass Musik unbegrenzt, überall und jederzeit verfügbar ist (siehe Abbildung 41 Mitte). Die „Blue-Ocean-Strategie" beschreibt dieses Phänomen wie folgt: Werden einmal die Regeln neu definiert, wird damit auch das Wettbewerbsumfeld neu gestaltet.[36]

Das dritte Grundgesetz der Höherentwicklung beschreibt, dass dieser Prozess quantitative Arbeit innerhalb bestehender Branchen- und Wettbewerbsregeln erfordert, bevor ein Umschlagen in eine neue Qualität erfolgen kann. Betrachtet man die Entwicklung der Fernsehapparate, so wird deutlich, dass sich ein Quasistandard in Form des Röhrenfernsehers ausgebildet hatte (siehe Abbildung 41 rechts). Es gab eine hohe Quantität an vergleichbaren Angeboten im Markt. Dies ist immer ein starkes Signal für Innovationsstau. Darüber hinaus war diese Technologie bezüglich ihrer Größe limitiert, denn die Bildschirmdiagonale stand unmittelbar in Zusammenhang mit der Tiefe des Gerätes. Damit konnte der Bedarf nach zunehmender TV-Größe nicht abgedeckt werden. Die neue Qualität zeigte sich in Form der Flachbildtechnologie.

Zudem veranschaulicht die Helix-Geometrie ein entscheidendes Merkmal erfolgreicher Innovatoren. Die Fähigkeit zur kontinuierlichen Veränderung zeigt sich hier durch die fortlaufende Richtungsänderung der Helix. Die Aktivitäten von Innovatoren sind dadurch gekennzeichnet, dass sie eine gesunde Distanz zu den bestehenden Erfolgsfaktoren haben und diese permanent hinterfragen, um dem Vektor der Veränderungsgeschwindigkeit immer aktiv voraus zu sein. Besonders erfolgreiche Organisationen streben jedoch nicht danach, immer nur „auf Sicht zu fahren". Sie antizipieren ein Zukunftsbild und fokussieren ihre Aktivitäten vielmehr auf Durchbrüche, um damit ihre Zukunftsfähigkeit aktiv zu gestalten. Sie vermeiden das Syndrom, „zu lange geradeaus zu fahren" und den „Trend zu verschlafen".

Take away

Gesetzmäßigkeiten der Höherentwicklung weisen den Weg des Wandels (siehe Spirale der Höherentwicklung in Abbildung 42). Folgen Zukunftsgestalter diesem Muster der Evolution, versetzt es sie in die Lage, neue Leuchttürme als Wegweiser in die Zukunft zu definieren. Innovatoren suchen systematisch Zielkonflikte zwischen dem Heute und der Zukunft. Abbildung 42 symbolisiert diesen Zustand in Form der roten Barriere inmitten der Entwicklungsspirale, die durch die Konfrontation des heutigen Denkrahmens (geschlossen, rot) mit dem zukünftigen Denkrahmen (offen, blau) hervorgerufen wird. Klassische Vorgehensweisen resultieren dann lediglich in einer Kompromissbildung. Die Auflösung des Konflikts erfordert, die bestehende Logik grundlegend herauszufordern, um eine „neue Logik" zu implementieren.

Widerspruchsorientierte Innovatoren nutzen die Identifikation neuer Bezugspunkte, um diese Logikbarrieren systematisch zu durchbrechen. Für zukunftsfähige Entwicklungen reicht es nicht aus, sich nur auf die bestehenden Optimierungsparameter zu verlassen. Diese führen zu inkrementellen Weiterentwicklungen, die die bestehende Logik nicht verlassen (siehe Abbildung 42, Entwicklungstunnel im roten Denkrahmen). Basierend auf dieser Erkenntnis, können Innovatoren neuartige und damit innovative Fragestellungen auf höherem Abstraktionsniveau und jenseits des heutigen Denkrahmens (geschlossen, rot) formulieren. Widerspruchsorientiertes Denken durchbricht Logikbarrieren, um neue Freiheitsgrade zu erschließen. Strategische Orientierungsmittel bilden innerhalb des kreativen Prozesses die Basis, um „unlogische Ziele" emotional anerkennen zu können, und geben Argumentations- und Prognosesicherheit für grundlegende strategische Entscheidungen.

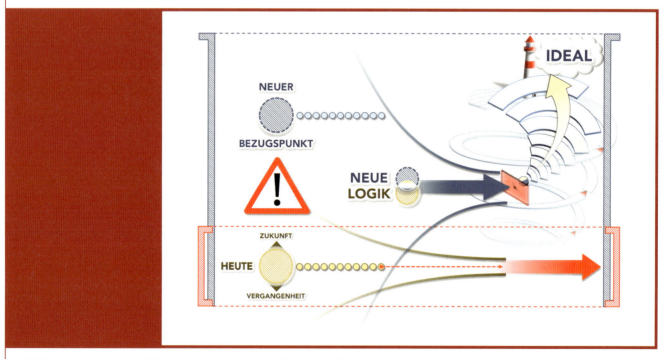

Abbildung 42: Innovative Abkürzung in der Spirale der Höherentwicklung

Quelle: Eigene Darstellung

Folgende Merkmale dienen der Einschätzung, ob fokussierte Herausforderungen tatsächlich strategische Relevanz haben:

- Die Diskussion einer kritischen Masse von Kompetenzträgern mit umfassendem gefestigtem Branchen-Know-how hat den Widerspruch als relevante Barriere und gemeinsam getragenes Fazit formuliert.

- Strategische Orientierungsmittel wie Trends und Gesetzmäßigkeiten der Höherentwicklung argumentieren, dass eine Lösung des Widerspruchs Zukunftspotential erschließt.

- Spontan kann eine kritische Masse von Kompetenzträgern auf Basis der bisherigen Wettbewerbslogik keinen Lösungsweg erkennen.

- Eine Lösung des Widerspruchs erfordert zu einem gewissen Grad erfinderische Höhe und Analogieübertragungen aus Denkrahmen außerhalb des eigenen Kompetenzfeldes. Eine mögliche Lösung setzt neue Leistungsmaßstäbe und bisherige Limitationen außer Kraft.

In diesem Zusammenhang sei auf das WOIS-Video „Unlogik" verwiesen (siehe Abbildung 43).

Abbildung 43: WOIS-Video „Unlogik!" *Quelle: Eigene Darstellung*

5 Wie Transformationsprozesse gestalten?

Innovationen können aus ersten vagen Ideen durch Gestaltungsprozesse systematisch generiert werden. Unterschiedlichste Innovationsprozess-Modelle wurden bis heute entwickelt, von denen das Stage-Gate®-Modell nach Cooper heute in Unternehmen weitverbreitet ist.[1] Dieses Modell umfasst folgende Schritte, die im Prozess — abhängig vom Erfüllungsgrad zu bestimmten Zeitpunkten im Innovationsprozess — mehrmals durchlaufen werden können, um Entwicklungen zu verbessern[2]:

- Ideenphase
- Bewertungsphase
- Business-Case Entwurfsphase
- Entwicklungsphase
- Erprobungsphase gemeinsam mit Kunden
- Markteinführungsphase
- Produktvermarktungsphase

„Kernherausforderung im Innovationsmanagement ist die Schaffung von Neuem, in Form neuer Produkte oder Prozesse, im Zuge einer möglichst effizienten Vorgehensweise. Zu diesem Zweck setzt das moderne Innovationsmanagement auf eine ganze Reihe an bewährten und mittlerweile standardisierten Verfahren und Methoden. Der Einsatz von Methoden im Innovationsmanagement ist elementare Grundlage für die systematische und effiziente Gestaltung und Steuerung von Innovationsprozessen. [...] Für die erfolgreiche Planung und Umsetzung von Produkt- und Prozessinnovationen ist es demzufolge nicht nur wichtig zu wissen, was inhaltlich zu tun ist, d.h. welche Ideen zu generieren, welches fachliche Know-how einzusetzen und welche Technologien zu entwickeln sind, sondern vor allem, wie dies geschehen kann. Ein strukturell verankertes und systematisch durchgeführtes Innovationsmanagement erfordert – als Gegenentwurf zum ‚Happy Engineering' – den gezielten Einsatz von Methoden und Instrumenten. Der Methoden- und Instrumenteneinsatz beeinflusst in ganz entscheidendem Maße den Innovationserfolg und damit das Wachstum und die Wertsteigerung in Unternehmen.

Im Innovationsmanagement steht dem Unternehmen ein breites Spektrum an Methoden und Instrumenten zur Planung, Durchführung, Steuerung und Überwachung des Innovationsprozesses zur Verfügung. Ziel des Einsatzes dieser Methoden ist es, Innovationen in Form neuer Produkte oder Prozesse effizienter, d.h. schneller, kostengünstiger und mit verbesserter Qualität durchzusetzen. Die Darstellung und Systematisierung der Methoden für das Innovationsmanagement orientiert sich am idealtypischen Phasenverlauf von Innovationsprozessen."[3]

Die beschriebenen Innovationsperspektiven Produkte und Prozesse wurden in den vergangenen Jahren systematisch um Geschäftsmodellinnovationen erweitert.[4] Das klassische und bis heute weitverbreitete Verständnis von Innovationsprozessen ist, dass die Leistungsfähigkeit maßgeblich davon abhängt, wie gut der Input in Form von Ideen und Ansätzen für Weiterentwicklungen in den frühen Phasen des Prozesses ist.[5] Dieser Erkenntnis wurde durch die Bildung von Vorentwicklungsabteilungen begegnet. Studien belegen, dass nur ein geringer Bruchteil der anfangs als potentialreich bewerteten Ansätze den Weg bis zur Marktreife und Markterfolg beschreiten.[6] Aus diesem Grund besteht die Forderung nach „mehr Masse" im Trichter, um anschließend durch Selektion auf Basis bestehender Branchenkriterien scheinbare Qualität herauszufiltern. Quantität führt zu einer vermeintlichen Sicherheit, wenn die Roadmap „voll" ist. Sich hierbei auf die Effektivität von Brainstorming-Sessions zu verlassen, ist bei immer stärker vernetzten und komplexeren Fragestellungen für Organisationen zur nachhaltigen Zukunftssicherung nicht mehr ausreichend. Trotzdem wird der Ansatz heute häufig so gelebt. Dieses „Hamsterrad" aus stetig intensivierter Ideengenerierung und vermeintlich perfektionierter Selektion führt trotzdem nur zu einer stärkeren Ressourcenbindung und zu „mehr vom Gleichen", solange keine neuartigen Perspektiven eingenommen werden.

5.1 Qualität statt Quantität in den frühen Phasen

Ein strukturierter Prozess (Stage-Gate®) kann dabei unterstützen, die Effektivität von Entwicklungsprozessen zu erhöhen. Das Beispiel Olympia hat jedoch gezeigt, dass es grundsätzlich unterschiedliche Formen von Neuentwicklungen gibt. Eine Differenzierung kann nach dem Neuheitsgrad des Angebots für bestimmte Märkte, Branchen oder die Welt erfolgen und die Komplexität, die Chancen und die Risiken eines Projektes erhöhen. Dass ein bahnbrechender Neuheitsgrad eines Angebots durch einen Prozess erreicht wird, der die bestehende Marktcharakteristik als Entwicklungs- und Bewertungskriterien zugrunde legt, ist für die Generation von Operational Excellence notwendig, aber für Zukunftsfähigkeit nicht ausreichend. Nach Jens-Uwe Meyer stößt an dieser Stelle das klassische Innovationsmanagement an seine Grenzen, denn bestehende Prozessrahmenbedingungen limitieren Innovationsaktivitäten, so dass diese lediglich inkrementelle Entwicklungsansätze hervorbringen.[7]

Neuentwicklungen mit disruptivem Potential sind von der Frage der Marktakzeptanz bis hin zur Operationalisierung mit vielschichtigen Unwägbarkeiten verbunden. Die Neuartigkeit des möglichen Angebots erzeugt zahlreiche offene Fragen, die in einem unternehmerischen Umfeld ein hohes Risiko für wirtschaftlichen Misserfolg darstellen. Erfolgreiche disruptive Entwicklungen können die Wettbewerbskonstellation einer gesamten Branche neu gestalten und zukünftige Wachstumsmotoren sein. Das Wertschöpfungspotential von inkrementellen Weiterentwicklungen innerhalb bestehender Branchenkriterien ist häufig limitiert, jedoch kalkulierbar. Wo sich viele Wettbewerber mit vergleichbaren Angebotseigenschaften um Marktanteile bemühen, bleibt in der Regel nur der Preis als entscheidendes Differenzierungsmerkmal. Der Druck, immer kurzfristiger Neuangebote zu generieren, sowie wenig ausgeprägte Fähigkeiten zur Erhöhung der Kreativität, verbunden mit Argumentations- und Prognosesicherheit in den frühen Inspirationsphasen, führen zu einer Fokussierung im Projektportfolio zugunsten von scheinbar niedrigem Risiko mit absehbaren Projektergebnissen (siehe sequentieller Prozessablauf in Abbildung 44). Damit einher geht das oft ausgeblendete Risiko, mittel- bis langfristig an den zukünftigen Marktbedürfnissen vorbei zu entwickeln und durch disruptive Marktteilnehmer verdrängt zu werden. Dagegen steht das übliche Managementverhalten. Projektabbruch zu einem relativ späten Zeitpunkt wird als Versagen angesehen, gebundenes Kapital und eingesetzte Ressourcen wiegen schwer. Nicht selten werden daher bei Umsetzungsschwierigkeiten in späteren Projektphasen Kompromisslösungen als Ausweg in Kauf genommen. Letztendlich führen derartige Vorgehensweisen bei komplexen Fragestellungen zu einem Ergebnis, in dem die ursprüngliche Intention kaum noch zu erkennen ist. Aus Sicht der Verantwortlichen geschieht dies aufgrund auswegloser Situationen, ohne die Möglichkeit aus dem bestehenden Regelwerk auszubrechen. Muss das wirklich so sein?

Abbildung 44 zeigt den widerspruchsorientierten Transformationsprozess nach WOIS im Vergleich zu einem sequentiellen Prozessablauf. Der WOIS-Prozess setzt bereits in der frühen Entwicklungsphase auf umfassende Perspektiven in einem interdisziplinären Entwicklungsrahmen, um zunächst die richtigen Richtungen zu identifizieren. Denn die richtige Frage ist mehr als die halbe Lösung. Dabei werden alle Unternehmensdimensionen in ihrer Entwicklung von der Vergangenheit über die Gegenwart bis in die Zukunft parallel betrachtet, um zum einen ein gemeinsames polares Zukunftsbild aufzubauen und zum anderen die Hauptbarrieren in Form von Widersprüchen zwischen dem Bestehenden und dem Zukünftigen zu formulieren. Durch diese frühe gemeinsame widerspruchsorientierte Konfrontation können Durchbrüche jenseits des bestehenden Denkrahmens schneller und gezielter provoziert werden als mit einem sequentiellen Entwicklungsprozess. Des Weiteren werden „Verwässerungen" der Ideen während der einzelnen Entwicklungsphasen vermieden und Ressourcen durch Änderungsschleifen eingespart. Der WOIS-Transformationsprozess, auch Innomorphose genannt, kombiniert analytisches Denken mit lateralem Denken, um sowohl die Effizienz des Innovationsprozesses als auch die Effektivität der Lösungen zu erhöhen.

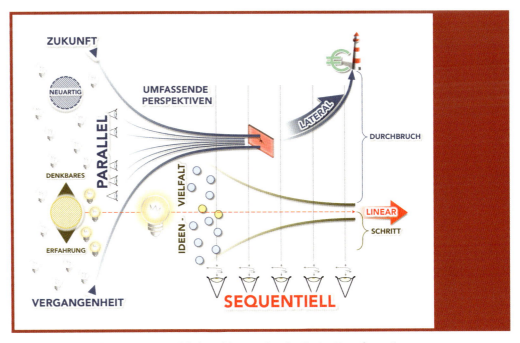

Abbildung 44: Qualität statt Quantität im widerspruchsorientierten Transformationsprozess
Quelle: Eigene Darstellung in Anlehnung an Cooper, 2011, S. 101

5.2 Analytische Kreativität zur Erschließung neuer Freiheitsgrade

Klassisch organisierte Innovationsprojekte werden in der Regel als Aktivitäten organisiert, die parallel zum Tagesgeschäft stattfinden. Das ist ein hilfreicher erster Schritt, um Ressourcen effektiv zu nutzen und die Bildung von Elfenbeintürmen mit geringem Marktbezug zu vermeiden. Die Gefahr dieser Lösung liegt jedoch in der Kenntnis um die aktuellen Marktregeln, die so kaum zu überwinden sind. Es stellen sich daher folgende Fragen: Wie weit geht die Differenzierung zum Tagesgeschäft? Welche Fragestellungen und welche Freiheitsgrade werden dem Team gegeben? Mit welcher Geisteshaltung wird in den Runden gearbeitet? Welche Grundannahmen werden in Frage gestellt? Nach welchen Kriterien wird der Erfolg des Teams gemessen? Welche Reportingpflichten werden dem Team mit welcher Intention auferlegt? Mit welcher Emotion begegnen die Kollegen dem Team? Welche Grundmanifeste werden auch als gegeben hingenommen?

> Einerseits gilt: „Kreativität braucht Freiraum" – also müsste der Freiraum für diese Projekte vergrößert werden. Andererseits gibt es das traditionelle Sprichwort: „Not macht erfinderisch."
> Also müsste der Druck auf Projekte vergrößert werden. Stimmt!
> Braucht es also Not oder Freiraum? Auch hier zeigt die Erfahrung: Take both!

Geht es um neue Geschäftsmodelle, sind in diesem Zusammenhang immer wiederkehrende Misserfolgsfaktoren erkennbar:

- Die „Erfolgsfaktoren von heute" werden als Bewertungsgrundlage neuer Ideen herangezogen.
- Die „Grundannahmen von heute" werden nicht systematisch hinterfragt.
- Die Projekte werden anhand der im Tagesgeschäft üblichen Kriterien und Reportings geführt.
- Es wird vordergründig nach „Quick Wins" gesucht – und wegen des Aufwands die Arbeit an einem Zukunftsbild vertagt.

Welche Grundbedingungen muss ein Umfeld für Neuorientierungen erfüllen? Für Innovation ist ein Prozessumfeld dienlich, dass keinem kurzfristigen Monitoring unterliegt. Dadurch entsteht Freiraum, neue Denkrichtungen reifen zu lassen, und gleichzeitig der Druck, relevante Ergebnisse abzuliefern.

5.3 Der Prozess der aufweitenden Fokussierung

Es ist ein strukturierter Prozess notwendig, der systematisch neue Diskussionsperspektiven einfordert und durch eine offensive, zukunftsorientierte Diskussionskultur gezielt anerkannte Barrieren hinterfragt. Wie finden wir im Innovationsprozess neue Richtungen mit höherer Argumentations- und Prognosesicherheit? Indem wir aufhören, neue Ideen und Ansätze nur zu managen. Prozesse für Neuorientierung folgen dem Gedanken der „aufweitenden Fokussierung". Es geht um die Gestaltung eines Prozesses, der von der Sicht auf die Veränderung des ganzen Umfeldes systematisch auf Detail-Herausforderungen fokussiert und auf der Basis von innovativen Lösungen wieder die Sicht auf ein gesamtes neues Geschäftsmodell ausweitet.

Ziel ist es zu erkennen, welche übergeordneten Entwicklungen in den Obersystemen ablaufen und voraussichtlich Einfluss auf unser Geschäft nehmen werden, um so die eigenen Bewertungsmaßstäbe hinterfragen zu können.[8] Viele Unternehmen stellen das spezifische Know-how ihrer Branche in den Vordergrund, um ihre Leistungsfähigkeit zu charakterisieren. Leadership beruht jedoch maßgeblich auf der Fähigkeit, neue Argumente für das Know-why zu finden, also auf der Fähigkeit, zukünftige Herausforderungen zu antizipieren und die Regeln des Wettbewerbs neu zu definieren. Damit lassen sich konkrete Anforderungen für einen Prozess zur Gestaltung von Zukunftsfähigkeit ableiten. **Der entscheidende Vorteil entsteht in den frühen Phasen des Zukunftsprozesses. Die Fähigkeit, zukünftige Entwicklungsrichtungen zu antizipieren und diese Bezugspunkte mit den bestehenden Aktivitäten und Erfolgsmechanismen zu konfrontieren, um daraus Potentialrichtungen abzuleiten, ist der entscheidende Schlüssel für Zukunftserfolg.**

Die Wandlung der bestehenden Logik kann durch eine Erweiterung der aktuell dominierenden Branchenlogik durch radikal ideale Perspektiven erfolgen.[9] Wichtig ist, dabei offen dafür zu sein, Perspektiven in die Diskussion einzubeziehen, die aus heutiger Sicht unvernünftig oder sogar unerreichbar erscheinen. Das können einerseits Perspektiven sein, die sich auf eine nichtlineare Projektion heute noch schwacher Signale beziehen. Andererseits kann die Anregung auch aus Grundansätzen und Perspektiven der historischen Entwicklung auf neuem Niveau entstammen. Strategische Orientierungsmittel und die Anregung durch Megatrends objektivieren das Bauchgefühl und erhöhen die Effektivität gegenüber dem klassischen Vorgehen, dem Ansatz, Quantität zu generieren, um daraus Qualität filtern zu können. Durch die bewusst breite Öffnung der Diskussion entsteht überhaupt erst die Fähigkeit, neue Richtungen als potentialreiche Ansatzpunkte für Zukunft erkennen zu können. Gleichzeitig besteht die große Gefahr, in der Diskussion den eigenen Kern als Fokus und damit die Identität zu verlieren. Aus diesem Grund ist es essentiell, diese Phase interdisziplinär unter Einbeziehung der relevanten Entscheidungsträger zu gestalten. Es ist unabdingbar, allen Schlüsselpersonen einer Organisation eine rationale und emotionale Auseinandersetzung mit den Aktivitäten im Zukunftsprozess zu ermöglichen. Anders entsteht mit hoher Wahrscheinlichkeit das „Not invented here"-Syndrom.

Das Resultat soll die rationale und emotionale Identifikation aller Beteiligten mit dem Zukunftsprozess sein, so dass ein Selbstverstärkungsprozess einsetzen kann. Nur auf diese Weise lässt sich eine neue Logik tatsächlich entwickeln und eine Organisation effektiv danach wandeln. Nach Kotter spielt die Kommunikation bei der Entwicklung und Vermittlung von Visionen eine entscheidende Rolle.[10] Der erhöhte Aufwand in den frühesten Phasen legt den Grundstein für Fortschritt, der sich nicht mehr durch lineare Weiterentwicklung und Reglementierung, sondern durch bahnbrechenden Wettbewerbsvorsprung und Selbstorganisation auszeichnet.

Drei Grundbedingungen sind erforderlich, damit entsprechende Prozesse überhaupt möglich sind:[11]

1. **Entropieexport durch Informationsimport**: Information ist die einzige Ressource der Erde, die sich durch Teilen vermehrt. Es erfordert neue Argumente und Ordnungsstrukturen, um neue Potentiale erkennen zu können. Daher ist eine Neuorientierung der Denkstrukturen Voraussetzung, um neue Perspektiven einnehmen zu können.

2. **Gleichgewichtsferne**: Menschen, die sich mit ihrer Umgebung im Gleichgewicht befinden, empfinden jedes Maß an Veränderung als Risiko, die erreichte Balance einzubüßen. Veränderungsfähigkeit erfordert daher einen Zustand der inneren Unruhe, einen Zustand des Veränderungswillens. Dieser kann zum Beispiel durch Veränderungsdruck bzw. durch Bedrohung hervorgerufen werden. Ist das der Fall, besteht jedoch das Risiko, Panik zu verursachen. Einmal in Panik, reduziert sich unsere Handlungsfähigkeit auf ein Minimum. Kreative Fähigkeiten werden blockiert (siehe Kapitel 4 „Wie inspirieren?" zum Thema „Kognition"). Umgekehrt inspiriert Veränderungswille unsere Kreativität und unsere Leistungsfähigkeit. Einerseits hat es sich bewährt, Veränderungswillen durch die Vermittlung von aktuellen negativen Geschäftsentwicklungen zu erzeugen.[12] Das Aufzeigen von positiven Zukunftsszenarien erhöht andererseits die Zuversicht, dass diese erreicht werden können, und folglich auch den Veränderungswillen. „Wer glaubt, etwas zu sein, hat aufgehört, etwas zu werden." (Sokrates)

3. **Nichtlinearität der Wechselwirkung**: Unsere Zeit ist geprägt von nichtlinearen Veränderungen. Maßstäbe werden immer wieder neu definiert. Vorhersehbare Ziele überraschen weder den Markt noch die Stakeholder und schon gleich gar nicht die Wettbewerber. Daher muss es — beginnend bei jedem Teammitglied bis hin zur gesamten Organisation — die rationale und emotionale Zielsetzung sein, nichtlineare Ergebnisse zu erzielen. Eine Voraussetzung, ohne die der angesprochene Effekt nicht eintreten kann, ist die Resonanz im Team. Kann sich das Team „nicht riechen", bestehen also Antipathien, dann sind Ergebnisse, die positive Resonanzen erfordern, nicht zu erzielen. Dies zeigt sich sehr deutlich im Profisport: Eine Mannschaft voller Individualtalente ist nicht zwangsläufig erfolgreich. Teams, deren Mitglieder sich einem großen Ziel unterordnen und Rollen im Sinne des Teams und des Zieles besetzen, haben größere Chancen, Meisterschaften zu gewinnen.

Die genannten Grundbedingungen für Höherentwicklung sind die Basis für einen Prozess der aufweitenden Fokussierung. Sie sind mit einer mathematischen UND-Funktion verknüpft. Das bedeutet: Trifft eine der Bedingungen nicht zu, ist das gesamte Projekt sehr wahrscheinlich zum Scheitern verurteilt. Erfolgreiches Prozessmanagement erfordert daher, die Einhaltung der Grundbedingungen aktiv zu gestalten und deren Einhaltung zu überwachen. Erfolgreiche Zukunftsentwicklung kann nur in einem Umfeld stattfinden, in dem die Grundbedingungen für Höherentwicklung wirken. Die Gestaltung von Strukturen und Prozessen ist ohne eine gelebte Innovationskultur wirkungsfrei.

Dies bezieht sich vor allem auf die Haltung und Diskussionskultur im Team. Im operativen Tagesgeschäft sehen wir uns dazu angehalten Punkte direkt und konkret anzusprechen, aufzugreifen und zu lösen. Wir sind es in Europa gewohnt sehr direkt und sehr konkret und damit schnell und nachvollziehbar zu arbeiten. Die Entwicklung neuer Richtungen erfordert einen differenzierten Ansatz. Abbildung 35 auf Seite 85 illustriert den Abstraktionsreigen produktiver Kreativität.

Neue Richtungen zu erkennen und auszugestalten erfordert, auf abstraktem Niveau neue Erkenntnisse neu zu verknüpfen. Es ist nicht unbedingt die konkrete Idee, die den Wert ausmacht. Es ist die Denkrichtung, die hinter dem Ansatz steht. Ansätze abstrakt aufzugreifen, mit eigener Expertise anzureichern und dann „anders als ursprünglich gedacht" auszugestalten ist das, was Entwicklungen auszeichnet. Gerade in unserer Zeit über Wissensgebiete hinweg Expertisen miteinander zu vernetzen eröffnet immer wieder neues Potential.

Das Beispiel des Unternehmens ERFURT & SOHN zeigt, dass es gerade auch für Vertreter stark ausgereizter Branchen sehr potentialreich sein kann, ungewöhnliche Perspektiven zuzulassen und dann konsequent neu auszugestalten.

5.4 Der Kulturwandel der Firma ERFURT & SOHN

Jeder Deutsche sieht täglich Produkte der Firma ERFURT & SOHN. In 80 Prozent der Haushalte sind Raufasertapeten des Unternehmens aus Wuppertal anzutreffen, dessen Innovationsbeispiel wir nun ausführlicher betrachten möchten. Die vergangenen sechs Familiengenerationen konnten — der Tradition „Wände zum Wohlfühlen" folgend — das Unternehmen weiter ausbauen.

Abbildung 45: Werbebild

Quelle: ERFURT & SOHN KG

Als einzig verbliebener Raufaserproduzent in Europa wird es bei einem entsprechenden Marktanteil schwierig, Wachstumsziele zu formulieren. Ohne über die traditionell definierte Strategie hinaus zu gehen, ist es nicht möglich, den weiteren Unternehmenserfolg zu organisieren. Ein Kulturwandel im Unternehmen ist unausweichlich. Das Unternehmen steht vor der Herausforderung, sich selbst neu zu definieren. Erfolgreiche Veränderungen erfordern einen wertschätzenden Umgang mit der Tradition, reflektiert am notwendigen Veränderungsgrad, bedingt durch den gesellschaftlichen und technologischen Wandel. Ausgehend von einer Transformation des Nutzenversprechens lassen sich neue strategische Perspektiven für das Geschäftsmodell ableiten.

Zusätzlich eröffnen sich durch das Prinzip der Abstraktion neue Perspektiven und Orientierungen. Im Fall von ERFURT & SOHN hatten Bedarfsgruppenanalysen ergeben, dass sich das bestehende Angebot im Potentialfeld „Lebensumfelder attraktiv gestalten" ausweiten lässt. Was ist mit bisher nicht adressierten Flächen? Mit Böden? Mit Fenstern? Was ist mit Außenbereichen? Wie können spezifische Angebote für Objektgeschäfte gestaltet werden? Wie kann der Produzent standardisierter Produkte der gesellschaftlichen Entwicklung hin zu individualisierten Lösungen gerecht werden? Wie kann ERFURT & SOHN auf Basis seiner

Unternehmens-DNA in diesem breiter gefassten Kontext Mehrwert gestalten? Aus all diesen Perspektiven hat das Unternehmen in der siebten Generation Geschäft entwickelt.

- Von innen nach außen und von der Wand auf den Boden: Durch eine Beteiligung an der Firma NovoTech mit der Marke Megawood hat sich das Unternehmen den Bereich der Bodenbeläge, auch für Außenbereiche, erschlossen. Der Markterfolg basiert auf den traditionell guten Kontakten zu europaweiten Vertriebskanälen. Zudem verbindet beide Unternehmen die Kompetenz, den Werkstoff Holz in ungewöhnlichen Prozessumfeldern zu verarbeiten.

- Von standardisierter Massenproduktion zu individualisierten Lösungen: Durch branchenunübliche (Intra-)Logistikprozesse gelingt es dem Unternehmen, für Endkunden raumindividuelle Kommissionierungen bereitzustellen. Heute wird ein immer größerer Produktionsanteil kommissioniert und bunt gemischt an Kunden geliefert. Diese Prozessfähigkeit, kombiniert mit Wissen über Sonderpapiere, eine strategische Partnerschaft mit Digitaldrucktechnologie und der Kauf eines Start-up-Unternehmens namens JuicyWalls sind die Grundlage für das Geschäftsfeld „Digitalvlies-Tapeten". In höchster Qualität, raumindividuell skaliert und mit dem notwendigen Verarbeitungsmaterial komplettiert, wird Wandgestaltung durch einfache Online-Konfigurierbarkeit in einer bisher nicht dagewesenen Flexibilität für Privatpersonen und Objektgestalter verfügbar.

Die umfassende Neupositionierung von Unternehmen bedingt mehr als die Entwicklung neuartiger Leistungsangebote und Produkte. Kundenbeziehungen werden neu definiert. In der Transformation darf die Aussage „Wir dürfen uns nicht selber kannibalisieren" keine Denkbarriere darstellen. Unternehmensprozesse müssen den neuen Anforderungen gerecht werden können, um nicht systematisch Bottlenecks darzustellen. Die Bedarfserfüllung der Kunden auf neuem Niveau geht in der Regel auch mit einem Kulturwandel im Unternehmen einher. Um es deutlich zu formulieren: Die Entgegennahme einer Kleinbestellung war unter den alten Rahmenbedingungen kaum zu realisieren. Die neu geschaffenen Leistungen stellen neue Anforderungen an das gesamte Geschäftsmodell.

Take away

Jede Innovation bedarf im ersten Schritt einer wagen Idee. Gestaltungsprozesse wurden geschaffen, um aus diesen Ideen systematisch Innovationen zu generieren. Das Stage-Gate®-Modell nach Cooper ist dazu in Unternehmen weitverbreitet. Die Relevanz der frühen Phase von Innovationsprozessen wurde in der Innovationscommunity bereits erkannt. Jedoch stößt das klassische Innovationsmanagement nach Jens-Uwe Meyer genau an dieser Stelle auch an seine Grenzen.

Die frühen Phasen setzen heute auf quantitative Ideengenerierung. Dadurch soll die Wahrscheinlichkeit erhöht werden, vielversprechende Ansätze zu finden. Quantität führt zu einer vermeintlichen Sicherheit, denn die Roadmap erscheint „voll". Führt eine solche Roadmap jedoch wirklich zu Zukunftsfähigkeit? Das gute Gefühl hält nur so lange, bis neue Kriterien durch radikale Innovationen eingeführt werden. Radikale Innovationsansätze zeichnen sich in diffusen frühen Phasen jedoch lediglich durch schwache Signale aus. Ungewissen Richtungen zu folgen, die den Erfolgsmustern von heute widersprechen, fällt in Zeiten kurzfristiger Veränderungen zunehmend schwerer. Es ist jedoch gleichzeitig überlebenswichtig. Wir benötigen eine widerspruchsorientierte Geisteshaltung, um das Zukunftspotential des bestehenden Geschäftsmodells herauszufordern. Prozesse, die dieser Art von Neuorientierung folgen, nutzen das Prinzip der „aufweitenden Fokussierung". Der ständige Wechsel des Abstraktionsniveaus, gepaart mit gezielten Perspektivenwechseln von analytischen und synergetischen Vorgehen, regt die Neuordnung und -verknüpfung von Wissen intensiv an. So kann die Wahrscheinlichkeit erhöht werden, Chancen zu erkennen, die im klassischen Denkrahmen der Branche unsichtbar geblieben wären.

Nach der Widerspruchsorientierten Innovationsstrategie (WOIS) gliedert sich ein solcher Innovationsentwicklungsprozess in drei Phasen (siehe Abbildung 46 und 47):

1. Die erste Phase dient der Richtungssuche, das heißt der umfassenden Analyse und der Erkenntnis über den persönlichen bzw. den branchenübergreifenden Denkrahmen, der die Regeln der heutigen Wettbewerbslogik definiert. Diese Perspektive muss systematisch mit zukunftsweisenden Mustern der Höherentwicklungen in allen relevanten Facetten eines Geschäftsmodells konfrontiert werden. Dieser Ansatz zielt darauf ab, die generellen globalen Entwicklungen zu identifizieren, die mit großer Wahrscheinlichkeit Einfluss auf unser heutiges Geschäft nehmen werden. Des Weiteren wird die Analyse auf Analogien ausgeweitet. Durch die Abstraktion dieser konkreten Erscheinungen können die dahinterliegenden Muster offengelegt und auf das eigene Geschäft überführt werden. Auf dieser Basis wird die grundlegende Diskrepanz zwischen dem bestehenden, etablierten, operativen Geschäft und den strategischen Zukunftsrichtungen abgeleitet. Dadurch gelingt es, die eigenen Bewertungsmaßstäbe zu hinterfragen.

2. In der zweiten Phase der Richtungsentscheidung wird die allgemein akzeptierte Leistungsgrenze innerhalb der Branche in Form eines Schlüsselwiderspruchs formuliert. So lassen sich systematisch innovative Fragestellungen formulieren, um eine neue Logik zu provozieren. Denn die „richtige" Frage ist bekanntlich bereits mehr als die halbe innovative Lösung. Methodisch geschieht dies durch die Formulierung scheinbar unlogischer Herausforderungen. Unabhängig davon, wie groß die Herausforderung scheint, liegt die Lösung in

der Regel im Detail verborgen. Die grundlegende These lautet, dass paradoxe Aufgabenstellungen das Potential bergen, die bestehenden Leistungsgrenzen systematisch zu verschieben. Durch die Nutzung neuer Freiheitsgrade können Widersprüche auf einer höheren Abstraktionsebene zu einer Synthese geführt werden.

3. Phase drei ist der Richtungsinnovation und damit Ausgestaltung von zukünftigen Geschäftsmodellen gewidmet. Neue Kristallisationspunkte entstehen durch die Erfüllung bzw. Auflösung der paradoxen Herausforderung. Sie sind der Kern für die Neugestaltung und damit ein wesentlicher Teilaspekt der umfassenden Neuorganisation des gesamten Geschäftsmodells. **Dadurch versetzt sich ein Unternehmen in die Lage, aus dem Wettbewerbsmarathon auf der Spirale der Höherentwicklung auszubrechen und eine innovative Abkürzung auf dem Weg in die Zukunft zu beschreiten.** Jeder signifikanten Veränderung in einem Teil des Geschäftsmodells muss eine Synchronisation mit den anderen Teilen folgen. Die Profitabilität des Geschäftsmodells kann nur durch die Synchronisation der Veränderungen in allen relevanten Bereichen eines Unternehmens zu jedem Zeitpunkt sichergestellt werden.

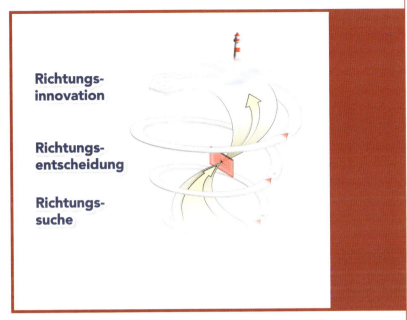

Abbildung 46: Innovative Abkürzung auf der Spirale der Höherentwicklung
Quelle: Eigene Darstellung

> **Vom Ganzen zum Detail und wieder zurück zum Ganzen.**
> **Und zugleich: Von Analytik zu Dialektik und wieder zurück zu Analytik.**

6 Wie Innomorphose vorantreiben?

Innomorphose versetzt ein Unternehmen in die Lage, aus dem Wettbewerbsmarathon auszubrechen und eine innovative Abkürzung auf dem Weg in die Zukunft zu nehmen.

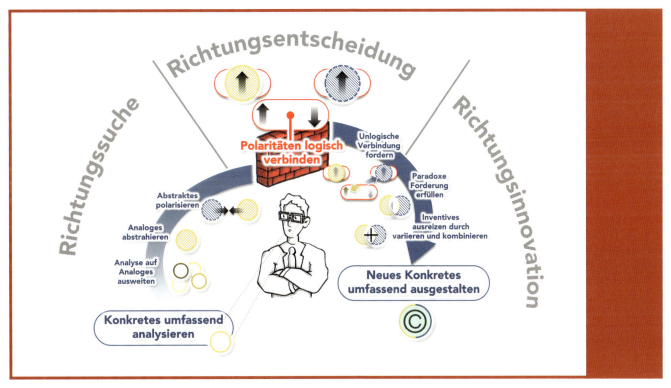

Abbildung 47: Prozess der analytischen Kreativität – Krealytik

Quelle: Eigene Darstellung

> „Objektiv betrachtet, hat die Menge an bedeutenden, oft traumatischen Veränderungen in Organisationen besonders in den vergangenen zwei Jahrzehnten enorm zugenommen. Auch wenn einige Leute prophezeien, dass Reengineering, neue Strategien, Fusionen, Downsizing, Qualitätsaufwendungen und kulturelle Neuausrichtungen bald verschwinden werden, denke ich, dass dies sehr unwahrscheinlich sein wird. Starke makroökonomische Kräfte sind hier am Werk und diese können sich in den nächsten Jahrzehnten noch verstärken. Als Resultat werden immer mehr Unternehmen dazu gezwungen, Kosten zu reduzieren, die Qualität der Produkte und Dienstleistungen zu steigern, neue Wachstumschancen ausfindig zu machen und die Produktivität zu steigern. Sicherlich gab es Fälle, in denen große Veränderungsbemühungen einigen Unternehmen geholfen haben, sich signifikant den veränderten Bedingungen anzupassen, die Wettbewerbsposition zu verbessern und sich für eine wesentlich bessere Zukunft auszurichten. In zu vielen Situationen allerdings waren die Verbesserungen enttäuschend und führten zu einem unheimlichen Gemetzel, mit verschwendeten Ressourcen und ausgebrannten, verängstigten oder frustrierten Mitarbeitern. [...] ein Großteil der Verschwendung und der Ängste, die wir im letzten Jahrzehnt beobachten konnten, ist vermeidbar."[1]

> *„Es gibt Belege dafür, dass die meisten öffentlichen und privaten Organisationen zu akzeptablen Kosten signifikant verbessert werden können, aber dass wir bei dem Versuch oft schreckliche Fehler machen, weil die Vergangenheit uns nicht ausreichend auf die Herausforderungen von Transformationen vorbereitet hat."[2]*

Durch den Veränderungsprozess muss es gelingen, ein umfassendes, zukunftsfähiges neues Geschäftsmodell zu gestalten. Es reicht nicht aus, ein neues Produkt zu gestalten, wenn zum Beispiel der Vertriebskanal zu angestrebten Schlüsselkunden nicht existiert.

> *„Ein Geschäftsmodell beschreibt die Grundlogik, wie eine Organisation Werte schafft. Dabei bestimmt das Geschäftsmodell, (1) was eine Organisation anbietet, das von Wert für Kunden ist, (2) wie Werte in einem Organisationssystem geschaffen werden, (3) wie die geschaffenen Werte dem Kunden kommuniziert und übertragen werden, (4) wie die geschaffenen Werte in Form von Erträgen durch das Unternehmen „eingefangen" werden, (5) wie die Werte in der Organisation und an Anspruchsgruppen verteilt werden und (6) wie die Grundlogik der Schaffung von Wert weiterentwickelt wird, um die Nachhaltigkeit des Geschäftsmodells in der Zukunft sicherzustellen."[3]*

6.1 Strategische Lücke auf dem Weg in die Zukunft

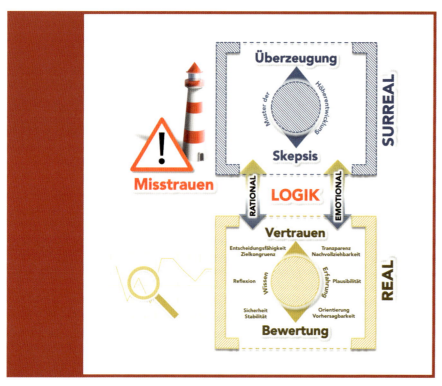

Abbildung 48: Herausforderung der Synthese – rationale und emotionale Auseinandersetzung
Quelle: Eigene Darstellung

Nachhaltiger Erfolg basiert, dem Trend der Geschäftsmodellinnovation folgend, auf der unternehmerischen Fähigkeit des Innovation-Leadership.

Grundlegende Herausforderung für die Gestaltung von Zukunft ist, dass jeder Einzelne bzw. jedes Organisationssystem emotional und rational ein Gebiet von erlebter Vertrautheit, Erfolg und Einschätzbarkeit aufgeben muss (siehe Abbildung 48). Gesteigert wird die Herausforderung dadurch, dass die neu einzunehmende Position maximal abschreckend wirken kann. Das skizzierte Bild ist auf Basis der heutigen Branchenlogik surreal und konterkariert das Wissen anerkannter Experten und bestehender Bewertungskriterien. Die Unschärfe, mangelnde Entscheidungskompetenz und Intransparenz erhöhen die Barri-

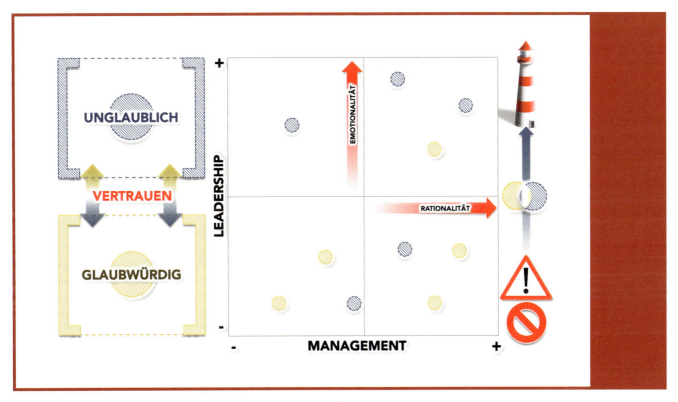

Abbildung 49: Denkrahmen überwinden – Rationalität vs. Emotionalität   *Quelle: Eigene Darstellung in Anlehnung an Kotter, 2012, S. 61*

ere darüber hinaus. Erfolgreichen Change-Prozess-Gestaltern gelingt es, das Misstrauen durch Muster der Höherentwicklung und Innovationsprinzipien in Hoffnung und Vertrauen zu wandeln. Es ist erforderlich, die Erfolgsmuster des heutigen Tagesgeschäfts zugunsten neuer Perspektiven zu verlernen. **Der dafür notwendige Prozess bedingt ein hohes Maß an relativer Gelassenheit, ohne dabei das gesunde Maß an Skepsis aufzugeben. Ein erfolgreicher Change-Prozess bedarf einer Unternehmenskultur, die durch Wandlungsfähigkeit gekennzeichnet ist und auf Stabilität trotz Erneuerungswillen begründet ist. Im Sinne der Widerspruchsorientierung verbindet Innomorphose die zukunftsorientierende Stärke von Innovation-Leadership mit den ausreizenden Mechanismen zur Gestaltung von Operational Excellence.** Die zu überwindende Barriere ist nicht nur eine auf einem Zielkonflikt basierende rationale Fragestellung. Sie stellt zudem für alle Beteiligten eine erhebliche emotionale Lücke dar, aufgrund unvorstellbarer bzw. unglaublicher Ziele in Verbindung mit der Notwendigkeit, Ressourcen irrational auf genau diese Unvorstellbarkeiten zu fokussieren, die es zu überbrücken gilt (siehe Abbildung 49). Die Transformation vom heutigen Geschäftsmodell zu radikal ideal beschriebenen Zukunftsbildern des Leuchtturms erfordert, alle rationalen und emotionalen Logikbrücken zu überwinden – eben Innovation-Leadership. Ohne gezielte Bewusstseinsbildung ist die Erfolgswahrscheinlichkeit nicht gegeben.

Neugier, Unzufriedenheit mit der bestehenden Situation, ein gesundes Maß an Änderungsdruck sowie die Haltung, vorhandene Regeln gezielt aufzugeben, unterstützen die Fähigkeit, bestehende Ansätze gezielt verlassen zu können. Umgekehrt fällt es schwerer, diese Haltung einzunehmen, wenn der bisherige Erfolg genau auf diesen Regeln beruht. Je erfolgreicher ein Unternehmen in dem heute bestehenden Modell verankert ist, desto schwerer fällt es, die bestehende Situation in Frage zu stellen und zu negieren. Es ist nur allzu verständlich, neuen Perspektiven, die mit Erfolgsfaktoren von heute brechen, mit Angst, Skepsis und Misstrauen zu begegnen. Veränderungsdynamik beruht jedoch auf dem Gegenteil: nicht auf Misstrauen, sondern auf Vertrauen. Daher ist eine intensive Auseinandersetzung mit dem Neugestaltungsprozess notwendig, der auf heutigen Erfolgen aufbaut und in eine neue Geschäftsmodelllogik führt.

Die Entstehung von Vertrauen lässt sich gut im Rahmen der Logik des bestehenden Operational-Excellence-Systems beschreiben: Entscheidungsfähigkeit, Plausibilisierung, Nachvollziehbarkeit und persönliche Sicherheit sind Grundvoraussetzungen für Vertrauensbildung. Die Wurzeln dieser Erkenntnis gehen zurück auf den mechanistischen Denkrahmen der Aristoteles'schen Logik, die auf vier Grundsäulen beruht. Messbarkeit, Widerspruchsfreiheit, Kausalität und Zerlegbarkeit in kleinste Teile.[4] Alle diese glaubwürdigen und damit vertrauensschöpfenden Facetten können jedoch für einen gerade neu entstehenden Geschäftsmodellgedanken noch nicht gegeben sein. Wie ist Vertrauensbildung trotzdem mit einem interdisziplinären Team möglich? Durch die Kombination von neuen Perspektiven in einem neuen Kontext von strategischen Orientierungsmitteln, verbunden mit einer zukunftsorientierten Geisteshaltung, entsteht die Plausibilisierung von bisher unglaublichen Leistungsfähigkeiten.

Die notwendige emotionale Verankerung von Zukunftsbildern entsteht dabei nicht auf Basis von rationaler Einsicht. Sie erfordert immer die persönliche emotionale Auseinandersetzung und Reflexion am eigenen Erfahrungswissen. Eine unbequeme und trotzdem für die Erzeugung von Transparenz unausweichliche Schlüsselfrage muss gestellt werden: Was müssen wir heute bereits getan haben, um das eigene Geschäftsmodell maximal selbst zu gefährden? Sollte die Antwort auf die Frage für die Kunden der Zukunft wertschöpfend sein, ist es immer besser, die Entwicklungsrichtung selber eingeschlagen zu haben als dies dem Wettbewerb zu überlassen.

Meist ist es der Unternehmensgründer, der mit seinem Bauchgefühl wesentliche Richtungen erkennt und so das Unternehmen für die Zukunft wappnet. Aufgrund seiner Erfolgsgeschichte haben Mitarbeiter ein Entscheidungsvertrauen aufgebaut, wodurch die Umsetzung heute noch surreal erscheinender Richtungen leichter bewerkstelligt werden kann. Es existiert ein Vertrauensvorschuss. Aus emotionaler Perspektive äußert sich dieses Vertrauen in einem Gefühl der Sicherheit, was es dem Gründer einfacher macht, zukunftsrelevante Entscheidungen/Veränderungen einzuleiten, selbst wenn die Rationalität des Einzelnen den Veränderungen noch entgegenspricht. Dieser Vertrauensvorschuss gründet auf einem tiefen Branchenverständnis, also der Logik der Mitarbeiter und auch der des Gründers. Dies funktioniert, solange kein Branchenumbruch eintritt. Ab dem Zeitpunkt, wenn radikale Zukunftsbilder mit dem Status quo konfrontiert werden, verliert die historische Entscheidungsgrundlage ihre Gültigkeit und damit ihre Wirksamkeit.

Es stellt sich die Frage, ob diese Muster auch auf nicht eigentümergeführte Organisationen übertragbar sind. Hier sind Prozesse und Organisationsstrukturen erforderlich, die die „Funktion des Gründers" abbilden. Gerade große Unternehmen haben in den vergangenen Jahren viel Aufwand in den Aufbau von „Corporate Intelligence" investiert, um frühzeitig globale Veränderungssignale aufzufangen und in Konsequenzen für die Entwicklung des Unternehmens zu übersetzen. Häufig kristallisiert sich an dieser Stelle eine immer wiederkehrende Schlüsselherausforderung unserer Zeit heraus: Wie kann ein Unternehmen mit erheblicher Kapital- und Kompetenzbindung neue Wege einschlagen, ohne in einen strategischen Schlingerkurs zu verfallen? Mögliche Themen und Entwicklungsrichtungen sind mannigfaltig und der Aufwand, große Organisationen anzupassen, erheblich. Die Trägheit steigt mit der Anzahl der Mitarbeiter und der Intensität der Kapitalbindung nichtlinear.

Auch im Kontext großer Unternehmen unterstützt ein langfristiges Zukunftsbild strategische Entscheidungsfindungsprozesse. Ist eine Entscheidung getroffen, sind mehr oder weniger komplexe Change-Management-Prozesse erforderlich. In kleinen Organisationen kann eine Diskussion der neuen Richtung ausreichen. Internationale Konzerne unterhalten Change-Management-Organisationen für weitreichende Aktivitäten. Klassische Change-Prozesse geraten bei grundlegenden Transformationen an ihre Grenze. Doch gerade diese grundlegenden Wandel sind es, die immer systematischer stattfinden müssen. War es in der Vergangenheit möglich, in einer kleinen Runde ein neues Bild zu erarbeiten und dieses anschließend auf die Organisation auszurollen, so erlauben multikriterielle Chancenfelder solch ein Vorgehen nicht mehr. Für grundlegende Fragestellungen wird eine besondere Teamzusammensetzung benötigt. Es ist sowohl die Zusammenarbeit der verschiedenen Fachdisziplinen erforderlich als auch die Mitwirkung von Manage-

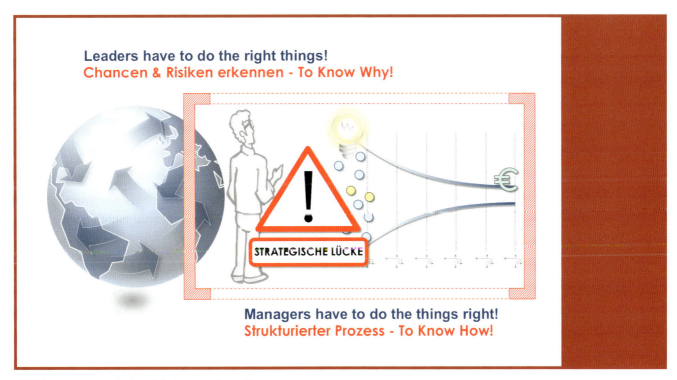

Abbildung 50: Strategische Lücke im Transformationsprozess   *Quelle: Eigene Darstellung in Anlehnung an Cooper, 2011, S. 101*

ment und Fachexperten. Nur so kann es gelingen, aus strategischen Forderungen mögliche Kristallisationskeime im Detail zu fokussieren und diese dann zu geschäftsrelevanten Zusammenhängen zu übertragen und zu verknüpfen. Das Erfolgsrezept lautet: gemeinsam vom Ganzen zum Detail und wieder zum Ganzen!

Aus dem hier beschriebenen Muster des Verantwortungsumbruches lassen sich die intensiven Herausforderungen bei Generationswechseln und bei Umbrüchen hin zu komplexeren Organisationsstrukturen begründen. Nur die Wissensvernetzung entlang der gesamten Wertschöpfungskette, über alle Hierarchieebenen hinweg, angereichert durch neue Inspirationen aus fremden Wissensgebieten, erlaubt es, systematisch neue Sichten zu erarbeiten – wenn die Geisteshaltung dazu passt.

John P. Kotter ist eine der Größen im Umfeld von Change-Prozessen. Besonders hilfreich ist seine Differenzierung von Leadership- und Managementeigenschaften und der damit verbundenen Fähigkeiten und Geisteshaltungen der jeweiligen Experten[5] (siehe Abbildung 49). Das Projektteam sollte nicht nur aus offensiven und proaktiven Personen bestehen, um den vermeintlich einfacheren Weg zu gehen. Das Ausschließen von Meinungsführern und konservativen Sichten kann im späteren Verlauf zu massiven Verzögerungen und letztendlich auch zum Scheitern der Gesamtinitiative führen. Die positive Konfrontation aller Sichten ist Voraussetzung für die Gestaltung eines gemeinsam getragenen Zukunftsbildes. So kann auch eine tragfähige Veränderungsbereitschaft herbeigeführt werden, die nicht bei ersten Schwierigkeiten im Rahmen der Umsetzung ins Wanken gerät.

Das in der Management-Literatur vielbeschriebene „Frontloading" setzt bereits hier an.[6] Ein frühzeitig gefestigtes Leuchtturmbild vermeidet Diskussionsschleifen, klärt die strategische Stoßrichtung und hilft bei nachträglich geringerem Regulierungsaufwand, Ressourcen auf eine gemeinsame Zukunft zu fokussieren (siehe Kapitel 3.4 „Von der Zukunft aus rückwärts entwickeln"). Change-Prozesse benötigen offensive Leader, die auch in unbekannten Gefilden navigieren können. Dazu ist neben dem tiefen Branchenverständnis auch die Kenntnis von Mustern der Höherentwicklung in komplexen, vernetzten Umfeldern notwendig. Leader müssen imstande sein, aus den diffusen Entwicklungen der Welt die unternehmensspezifischen Auswirkungen abzuleiten, und die Fähigkeit besitzen, das Management und das Unternehmen an die bevorstehenden Herausforderungen anzupassen. Veränderung braucht in der Initiierung und der Umsetzung beides, eine Leadership- und eine Managementfunktion (siehe Abbildung 50).

Dabei müssen nicht nur die Strukturen und Prozesse des Unternehmens angepasst werden, sondern auch die Unternehmenskultur. Die Veränderungsbereitschaft der Mitarbeiter muss aktiviert werden. Durch Kommunikation und Transparenz muss die Komfortzone jedes Einzelnen ausgeweitet, auf neue gemeinsame Perspektiven ausgerichtet und auf gemeinsame Ziele fokussiert werden, um den Transformationsprozess des Unternehmens und damit jedes Einzelnen erfolgreich durchzuführen. Es muss gelingen, die Stabilität des bestehenden Geschäftsmodells zugunsten eines noch unbekannten Zukunftsbildes aufzugeben.

Unternehmerisches Handeln erfordert effiziente Prozesse und schlanke Entscheidungsstrukturen. Dies birgt die Gefahr von „einsamen" strategischen Entscheidungen, bei denen wesentliche, bisher branchenfremde Aspekte ausgeblendet bleiben könnten. Interdisziplinäre Teams können dagegen

vielfältige Perspektiven in die Diskussion einbringen. Jedoch gestalten sich diese Entscheidungsprozesse häufig langwierig und enden systematisch in „Verkompromissung". Erforderlich ist jedoch beides. Die Integration interdisziplinärer Perspektiven zu einem gemeinsamen Bild setzt gemischte Teams in Verbindung mit einem starken Leader voraus.

> „By leadership we mean the art of getting someone else to do something that you want done because he wants to do it."[7]

Hiermit rücken die Rolle des Leadership und dessen Selbstverständnis in den Vordergrund[8], weniger der einsame Entscheidungsträger. Damit soll nicht der Wert der Rollen von Entscheidern und Mediatoren bei Transformationsprozessen in Zweifel gezogen werden. Doch Leadership in frühen Phasen der Transformation erfordert weder spontane Grundsatzentscheidungen noch die Suche nach dem allumfassenden Kompromiss. Gesucht sind Persönlichkeiten, die in unbekanntem Terrain aufgrund versteckter Muster und schwacher Signale orientierungsfähig und glaubwürdig bleiben. Sie müssen aus einer Vielzahl kleiner Einzelinformationen ein umfassendes, neues Bild für Zukunftsfähigkeit kreieren und vermitteln können.

Das Beispiel Olympia hat verdeutlicht, welches Potential und Risiko mit der Fähigkeit der Organisationstransformation verbunden ist. Die Mitarbeiter von Olympia haben zu einer Zeit, in der IBM intensiv an raumfüllenden Großsystemen gearbeitet hat, eine unternehmensnahe Zielgruppe erkannt: die Gruppe der „Textverarbeiter". Für diese Kernkunden haben Entwickler von Olympia modernste Technik auf neue Art und Weise integriert und damit ein erstes Desktop-Publishing-System vorgestellt, einen Prozessor, der kompakt genug war, um in einen Tisch integriert werden zu können. Das Ganze war kombiniert mit zeitgemäßen Ein- und Ausgabesystemen. Das System war auf der Hannover Messe der Publikumsmagnet, vor allem auch deshalb, weil Olympia die vorherrschende IBM-Logik neu interpretiert hatte. IBM-Rechner waren damals noch für durchschnittliche Unternehmen unbezahlbar. Das System von Olympia hingegen war für professionelle Organisationen erschwinglich. Leider ist es Olympia nicht gelungen, die eigene Organisation umfassend auf die erarbeiteten Chancen umzuformen. Die „radikalen" Lösungen wurden in die Welt der Mechanik übertragen und damit extrem verwässert.

Zukunftsfähigkeit erfordert radikal ideale Zukunftsbilder und das notwendige Know-why für unumgängliche Transformationsprozesse. Wie müssen wir uns positionieren, um radikale Innovationen zu inspirieren? Nach welchem Mechanismus ist es möglich, Zielkonfliktsituationen aufzulösen?

6.2 Synergie zwischen Know-how und Know-why

Das generelle Muster zur Bewältigung von strategischen Blockadesituationen kann mit dem Modell der HX-Verwirrung nach Herbert Pietschmann erklärt werden[9]:

- Beide Seiten müssen sich ihrer Positionen bewusst werden.
- Die Positionen erscheinen nicht vereinbar.
- Die Erkenntnis, dass der „Schatten" der eigenen Position der Verhinderungsgrund zur Einigung ist, muss reifen.
- Der eigene Schatten kann durch die negative Übersteigerung der eigenen positiven Intention identifiziert werden.

Die Herausforderung besteht in der Einsicht des eigenen Schattens und damit im Verständnis der Sorgen des Vertreters der jeweils anderen Sicht.

Unter der HX-Verwirrung versteht Herbert Pietschmann, „dass wir mit Menschen, die eine gegensätzliche Meinung vertreten, häufig gar nicht in einen ehrlichen und offenen Dialog treten, sondern vielmehr ihre ‚Schatten' bekämpfen. Dies ist folgendermaßen zu verstehen:

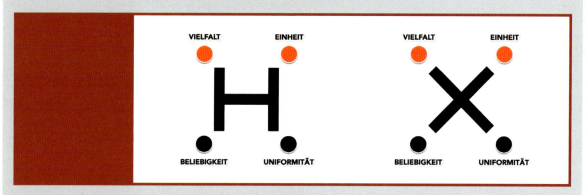

Abbildung 51: HX-Verwirrung *Quelle: Eigene Darstellung in Anlehnung Hamberger & Pietschmann, 2015, S. 380*

Angenommen, es stehen sich zwei Menschen gegenüber, von denen eine/r für Einheit steht und der/die andere für Vielfalt. Der ‚Schatten' der jeweiligen Position ist Uniformität bei Einheit bzw. Beliebigkeit bei Vielfalt. In der Diskussion wird es dann häufig dazu kommen, dass die beiden Kontrahenten den jeweiligen Schatten des/der Anderen bekämpfen. Dies führt dazu, dass es zu keiner wirklichen Lösung kommen kann, und das Trennende wird vor das Verbindende gestellt. Umgekehrt kann nach Pietschmanns ‚Gesetz der Dialektik' nur eine Lösung gefunden werden, wenn eine Harmonie oder Integration auf einer höheren Ebene erfolgt. Damit dies aber erfolgen kann, müssen beide Seiten erkennen, dass sie den falschen Schatten bekämpfen."[10]

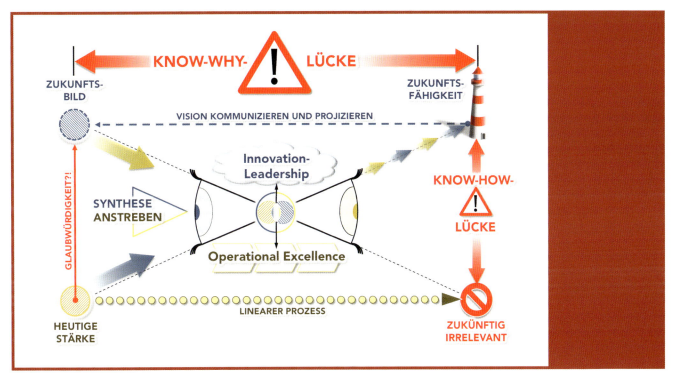

Abbildung 52: Die Rolle von Know-why und Know-how bei der Zukunftsentwicklung

Quelle: Eigene Darstellung

Diese HX-Blockaden müssen systematisch innerhalb von Innomorphose-Prozessen aufgelöst werden. Eine Auflösung der Situation ohne Gesichtsverlust ist dann möglich, wenn diese Einsicht gleichzeitig reift. Eine HX-Verwirrung im Kontext von Innomorphose-Prozessen stellt sich zwischen den Positionen Operational Excellence und Innovation-Leadership dar.

Die Vertreter der Operational Excellence plädieren dafür, im Rahmen des bestehenden Bezugssystems eine weitere Ausreizung vorzunehmen, um durch Rationalisierungsmaßnahmen und Effektivitätssteigerung die Wettbewerbsfähigkeit zu erhalten (siehe im Folgenden Abbildung 52). Dagegen sehen die Vertreter des Innovation-Leadership die Grundlage der Zukunftsfähigkeit in der Veränderung des bestehenden hin zu einem neuen Bezugssystem mit größeren Erfolgspotentialen. Operational Excellence trägt mit Blick auf den „Schatten" von Innovation-Leadership Sorge, durch den Wandel den Kern der heutigen Leistungsfähigkeit und damit die Identität des Unternehmens zu verlieren. Innovation-Leadership sieht dagegen im „Schatten" von Operational Excellence den Verlust der zukünftigen Relevanz durch den potentiellen Eintritt disruptiver Innovationen im Markt und damit den vollständigen Verlust der Wettbewerbsgrundlage. Dieses Spannungsfeld gilt es, durch Innomorphose zu überwinden.

Eine Gemeinsamkeit ist bereits offensichtlich: Beide Fraktionen streben nach Wettbewerbsfähigkeit, jedoch mit unterschiedlichen zeitlichen Perspektiven. In diesem Umfeld ist die rationale Auseinandersetzung mit der neu gewonnenen Einsicht möglich. Es kann gelingen, die persönlichen Ziele durch eine abstraktere

Abbildung 53: Vertrauen in „Unmöglichkeit" *Quelle: Eigene Darstellung in Anlehnung an Pink, 2009*

Sicht auf das gesamte Herausforderungsfeld auszuweiten. In der Regel erscheint die Herausforderung, aufgrund des immensen Deltas von Know-why (Zukunft) und Know-how (heute), zunächst unlösbar. Die Herausforderung für Zukunftsfähigkeit besteht jedoch gerade darin, die Auseinandersetzung mit scheinbar Unlösbarem zum Kern der täglichen Routine werden zu lassen. Im frühen Stadium von Change-Prozessen sorgt ein emotional basierterer Prozess dafür, dass die Macht der logisch begründbaren Unmöglichkeit der Zielerreichung an Kraft verliert. Im Verlauf des Innomorphose-Prozesses muss das neu gewonnene Vertrauen durch rationale Fakten, Entwicklungen und Überzeugungen untermauert werden und in Glaubwürdigkeit überführt werden. Wie sonst können Schlüsselressourcen von Unternehmen auf Fragestellungen angewandt werden, die sich mit Themen auseinandersetzen, die aus Sicht der heutigen Logik von vornherein zum Scheitern verurteilt sind? In dieser Situation des maximal emotionalen und rationalen Chaos ist eine Lösung auf Basis analytischen, logischen Arbeitens nicht möglich. Die Auflösung der Barriere erfordert analytisch-kreative und dialektische Denkwege.

Das Know-why der Veränderungsnotwendigkeit muss die einzelnen Unternehmensebenen durch eine transparente Kommunikation durchdringen. Ohne die kritische Masse von Personen in einem Unternehmen kann keine Veränderung stattfinden. Jeder Einzelne muss erkennen können, welchen Beitrag er zur Zukunftsfähigkeit des Unternehmens leisten kann bzw. wie er persönlich die Unternehmenszukunft mitgestalten muss. Für erfolgreiche Change-Prozesse ist die Konstellation dieser kritischen Masse entscheidend und in diesem Zusammenhang die Geisteshaltung von jedem Einzelnen, der an der Change-Aktivität mitwirkt. Das gilt unabhängig davon, ob der Betroffene direkt als Teammitglied beteiligt ist oder nicht.

Es geht um die persönliche Motivation bezüglich der angestrebten Veränderung (siehe Abbildung 53). Motivation kann ein sehr intrinsisch aktivierter Zustand sein. Wissenschaftler haben in diesem Gebiet die These geformt, dass es sehr herausfordernd sein kann, Individuen aktiv zu motivieren. Motivation ergibt sich vielmehr aus der Wechselwirkung der Umgebung mit Individuen. Ist die Resonanz positiv, kann jeder Einzelne für sich selbst Motivation schöpfen. Maslows Bedürfnispyramide trägt an oberster Stelle das Bedürfnis nach Selbstverwirklichung.[11] Das Streben nach Selbstverwirklichung beinhaltet natürlicherweise persönliche Motivation. Die Ausprägung dieser Motivation definiert sich nach Dan Pink maßgeblich durch drei Faktoren, die auf das Individuum wirken:[12]

1. **Autonomie** drückt die Fähigkeit des Einzelnen aus, sich innerhalb seiner Umgebung frei zu entwickeln und seine Handlungen selbst zu bestimmen.

2. **Zweck** charakterisiert, wie stark die persönliche Identifikation mit einem formulierten Ziel (unabhängig davon, ob selbst definiert oder vorgegeben) ausgeprägt ist.

3. **Mastery** beschreibt, ob die Fähigkeiten, die das Individuum besitzt, helfen, die Herausforderungen zu meistern, die sich ihm stellen. Genau hier ist eine kritische Stelle für den Change-Prozess. Im Rahmen dieser Veränderungen ist es sehr wahrscheinlich, dass Personen mit Herausforderungen konfrontiert werden, denen sie ausschließlich mit ihren bestehenden Fähigkeiten nicht gewachsen sind. Das Meistern dieser Aufgaben erfordert eine persönliche Weiterentwicklung und damit auch die Überwindung einer Situation, in der die Motivation nicht aus der unmittelbaren Erfüllung von vertrauten Tätigkeiten erfolgen kann. Dieser Aspekt ist im Sinne des zuvor vorgestellten persönlichen Handlungsrahmens ein sehr entscheidender.

Das Frustrationspotential und die Angst, an solchen Herausforderungen aufgrund des fehlenden Knowhows vorhersehbar zu scheitern, sind im Rahmen von Change-Prozessen nicht zu unterschätzen. Verschärft wird dieser Effekt, wenn Personen die Zielsetzung von Aktivitäten aufgrund des ebenfalls fehlenden Knowwhys nicht nachvollziehen können. Im Sinne der Motivationstheorie bedeutet das für Change-Prozesse, dass für den Einzelnen Vertrauen in die Gesamtsituation und die Zielerreichung eine entscheidende Rolle spielt, um die fehlenden Faktoren aufzuwiegen. Damit Personen aus Vertrauen ihre Motivation schöpfen können und eine persönliche „Potentialentfaltungshaltung" entwickeln können, ist im Rahmen der Aktivitäten starkes Leadership gefragt. Dies unterstreicht nochmals die Wichtigkeit der Konstellation von Teams und deren Führung für den Change-Prozess.[13]

6.3 Kontinuierliche Transformation als Kernprozess des Unternehmens

Change-Prozesse sollten in Zeiten der Stabilität initiiert werden, das heißt, wenn es dem Unternehmen gut geht (siehe Abbildung 54). Dann steht Energie in Form von Kapital und Arbeitskraft zur Verfügung. Meist wird mit entsprechenden Initiativen häufig zu lange gewartet. In Zeiten einsetzender Krisen steht aber häufig nicht die für die Veränderung notwendige Energie zur Verfügung (siehe Abbildung 54: „Schock"). So können Unternehmen lediglich reagieren, und Richtungsentscheidungen werden „auf

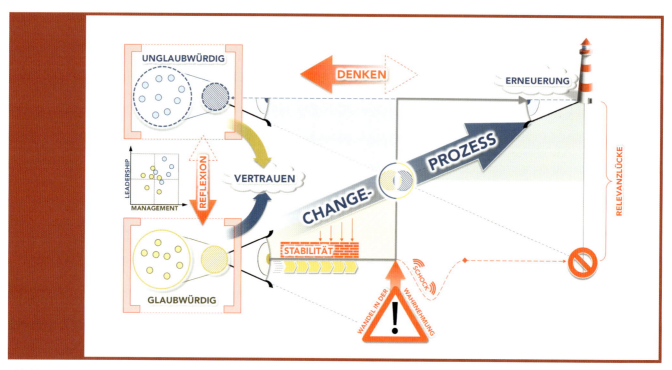

Abbildung 54: Einflussfaktoren eines erfolgreichen Innomorphose-Prozesses *Quelle: Eigene Darstellung*

Sicht" getroffen. Um in solchen Phasen strategische Richtungen zu ändern, bedarf es eines immensen Energieaufwands.

> **Veränderung erfordert Wandel. Wandel erfordert Richtungswechsel.
> Richtungswechsel erfordert Energieeintrag.**

Der Begriff Energie ist an dieser Stelle bewusst mehrdeutig gewählt. Energie im Sinne von persönlichem Engagement, Durchhaltevermögen, Kapital, Meinungsbildung im Markt genauso wie im Sinne der Fähigkeit, mit Überzeugung Transformationsprozesse anzustoßen. Wird eine Organisation mit weitreichenden Umfeldveränderungen konfrontiert, kann das die Zukunftsfähigkeit gefährden. Tritt das Ereignis überraschend ein, wird Zeit zu einer kritischen Ressource. Das Unternehmen ist nur noch in der Lage, kurzfristig zu reagieren. Es fehlt die notwendige Zeit für strategische Orientierungen und dadurch die Möglichkeit zur Erarbeitung des neuen Know-whys. Kurzfristig scheint es unmöglich, die entstandene Relevanzlücke zu schließen. Der untere Pfad der Abbildung 54 visualisiert diese Situation: Je länger ein Unternehmen wartet, desto größer wird die Relevanzlücke und damit auch der Reaktionsaufwand, um den Anschluss an die Zukunft zu erlangen.

Halten Unternehmen an ihrer ehemaligen Stärke fest und stellen sich nicht dem Wandel, laufen sie Gefahr, innerhalb der neuen Branchenlogik bedeutungslos zu werden (siehe Abbildung 54 Delta zwischen einem linearen Fortlaufen und dem Leuchtturm). Erfolgreiche Zukunftsgestalter müssen Veränderung als einen kontinuierlichen Bestandteil ihres Managementprozesses definieren (siehe Abbildung 54 Change-Prozess). Dadurch können Kursabweichungen mit relativ geringem Aufwand behoben werden, da diese in einem frühen Stadium der Veränderung erkannt werden können. In diesem Fall hat das Unternehmen genügend Zeit, um sich auf den Wandel vorzubereiten und das Vertrauen innerhalb der Belegschaft für die neue Richtung zu stärken. Erinnert sei in diesem Zusammenhang an folgende Beispiele:

- Nokia als führender Produzent für Mobiltelefonie ist über die Entwicklung der Smartphones ins Straucheln geraten.
- Quelle als führendes Versandhaus Europas wurde von der Entwicklung des Internethandels überrollt.
- Kodak als führender Hersteller von Filmmaterial für die Fotoindustrie konnte die Erfolge in Zeiten der Digitalisierung nicht fortführen.
- Die Hotelketten der Welt werden durch neu geschaffene Internetplattformen herausgefordert.
- Das klassische Geschäftsmodell von Taxiunternehmen wird von Uber unter Druck gesetzt.
- Das Kerngeschäft der Banken wird durch Niedrigzinsen und netzbasierte Bezahlplattformen angegriffen.

Geschäftsmodellinnovationen gewinnen in allen Branchen zunehmend an Bedeutung. Zukunftsfähigkeit erfordert in diesem Kontext frühzeitig eine umfassende und interdisziplinäre Orientierung zur Erarbeitung von neuen Stärken (siehe Abbildung 55 unterschiedliche spezifische Perspektiven am Beginn des Entwicklungstunnels). Dabei müssen Unternehmen durch Leuchttürme die Zukunft antizipieren. Doch das allein reicht nicht. Des Weiteren muss das Leuchtturmbild auf das Heute projiziert werden, um so das Delta zwischen dem Know-how von heute und dem Know-why der Zukunft zu schließen. Es muss ein neuer gemeinsamer Kern entstehen. So kann die Informationslücke zwischen den Kollegen im Tagesgeschäft für Operational Excellence und dem Entwicklungsteam für Innovation-Leadership überbrückt werden (siehe Abbildung 52). Das gemeinsame Verständnis wird gebildet. Um zu vermeiden, dass die Organisation in alte Denkmuster verfällt, muss der Weg in die Zukunft von der Zukunft aus zurück gestaltet werden. Innerhalb dieses Prozesses ist das Zusammenwirken von Leadership- und Managementkompetenzen die erforderliche Schlüsselkompetenz. Es entsteht eine Kultur für Innomorphose.

> **Pfadabhängigkeit verhindert Zukunftsfähigkeit.**[14]

Für die Verfechter des bestehenden Geschäftsmodells wird der neue Kurs als eine Abkehr vom Erfolg gesehen. Es ist nicht trivial, den neuen Kurs als zukünftigen Erfolgspfad zu vermitteln. Dazu ist es unabdingbar, ein noch stärkeres Zukunftsbild zu kommunizieren.

Veränderungsbestrebungen, die den Versuch unternehmen, ausgehend von heute den nächsten Schritt zu erarbeiten, werden vom etablierten Expertenwissen blockiert. Denn das Erfahrungswissen führt zu glaubwürdigen Begründungen, warum gewisse Entwicklungsschritte nicht erfolgversprechend sein können. Erst die Geisteshaltung „von der Zukunft aus zurück" führt dazu, dass neue Maßstäbe für die Einschätzung von Entwicklungen genutzt werden können. Diese neue Reihenfolge löst von Erfahrungswissen und den daraus resultierenden Erfahrungsbarrieren. Es verhilft dazu, dass unglaublich erscheinende Gedanken zugelassen und weitergeführt werden können.

Es ist zielführend, das Streben nach Zukunftsfähigkeit mit der Know-why-Frage zu beginnen. Ausgehend von der radikalen Idealität muss die Diskussion rückwärts geführt werden. Dadurch ist es möglich, kurz-, mittel- und langfristige Zeithorizonte für das gesamte Geschäftsmodell, losgelöst von der bestehenden Pfadabhängigkeit, zu gestalten. So können ursprünglich als wenig potentialreich eingeschätzte Ansätze zu neuer strategischer Relevanz geführt werden.

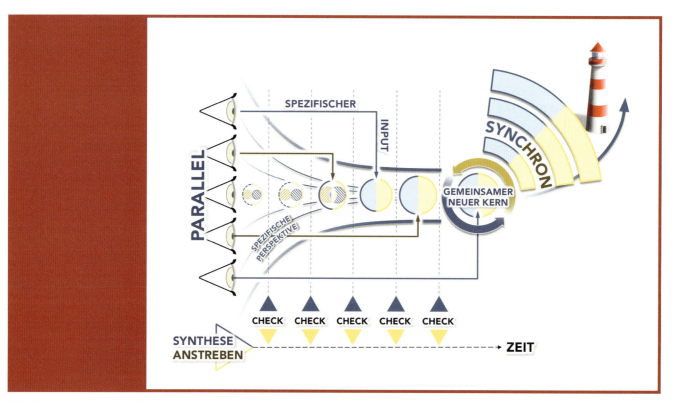

Abbildung 55: Interdisziplinärer Innomorphose-Prozess als Erfolgsgarant der Transformation
Quelle: Eigene Darstellung in Anlehnung an Cooper, 2011, S. 101

6.4 Erfolgsmuster der Innovation bei VIKING

1993 hat sich das Unternehmen VIKING die Frage gestellt, wie sich das Kerngeschäft mit Rasenmähern in Zukunft darstellen wird. Reicht es für eine zufriedenstellende Antwort, das Prinzip der Logik „Aufgabe – gegeben – gesucht – Lösung" zugrunde zu legen? Ist das angestrebte bzw. das notwendige Ergebnis wiederum ein Rasenmäher? Welche schwachen Signale geben eine starke Richtungsorientierung für Zukunftspotentiale?

Zwar existierten damals bereits attraktive Ansätze für klassische Rasenmäher, doch ging es VIKING darum, gezielt Argumentations- und Prognosesicherheit mit Lösungen jenseits des bereits existierenden Geschäfts aufzubauen. Für Wettbewerbsfähigkeit in sich immer dynamischer wandelnden Märkten gilt die Devise: „Von der Zukunft aus zurück entwickeln!" Daher war es damals das Bestreben von VIKING, deutlich über die kommenden zwei Generationen hinaus Richtungsargumente aufzubauen. Erfolgreiche Entwicklungsprojekte stellen zu Beginn wettbewerbsrelevante Grundsatzfragen. Die Haltung im Team: „Jede gegebene Aufgabenstellung ist richtig, es fragt sich nur wie richtig", hilft, wesentliche Potentiale nicht außer Acht zu lassen. Wird tief verwurzeltes Expertenwissen mit Erfolgsmustern branchenfremder Ansätze kombiniert, so entsteht Orientierung hin zu neuem Know-why. Für VIKING bestand die neue Orientierung in der Suche nach Angeboten, die den Kundenbedarf der Zukunft befriedigen – gerade weil Kunden den Bedarf so noch nicht formulieren können. Die entscheidende Frage dabei lautet stets: „Was wird der Kunde wohl wollen werden?" Im Falle von VIKING hätte das auch eine Zukunft sein können, in der Rasenmäher nicht mehr benötigt werden.

Woher kann die erforderliche Orientierung kommen? Unter anderem aus der Definition eines radikal idealen Zukunftsbildes! Für VIKING ging es also weniger um die Ausführung der Tätigkeit, Rasen zu mähen. Die Abstraktion der Funktion „Gras schneiden" konnte mit dem nötigen Abstand neu interpretiert werden: Die Frage war, welchen Beitrag VIKING zur attraktiveren Gestaltung von Lebensumfeldern leisten konnte. Die Steigerung des Wohlbefindens von Menschen musste neu in den Fokus gestellt werden. Gelingt es, diesen Nutzen mit weniger Aufwand zu erreichen, sind damit verbundene Ansätze hochrelevant. Auf den Punkt gebracht, galt es, das Paradoxon aufzulösen: Wie kann es gelingen, attraktivere Umfelder bei gleichzeitig reduziertem Pflegeaufwand zu gestalten (siehe Abbildung 56)? Strategische Orientierungsmuster fordern „Selbstorganisation". Wenn in Zukunft Rasensorten zur Verfügung stehen, die ihr Wachstum von selbst steuern, dann bedrängt diese Entwicklung das Marktpotential für Rasenmäher erheblich. „Nur" optimierte Rasenmäher können die langfristige Zukunftsfähigkeit nicht sichern. Branchenumbrüche der Vergangenheit beweisen, dass häufig neue Marktteilnehmer diese Chancen ergreifen, um Marktführerschaft zu erobern. Ohne Ressourcen- und Kapitalbindung fällt es leichter, neue Wege zu gehen. Innovation-Excellence entwickelt beides: den Wandel des Kerngeschäfts hin zur Wettbewerbsfähigkeit in der Welt des neuen Bedarfs und die Stärkung der ursprünglichen Identität. Die Konfrontation mit radikaler Idealität fokussiert frühzeitig Perspektiven, die üblicherweise so noch nicht betrachtet worden wären.

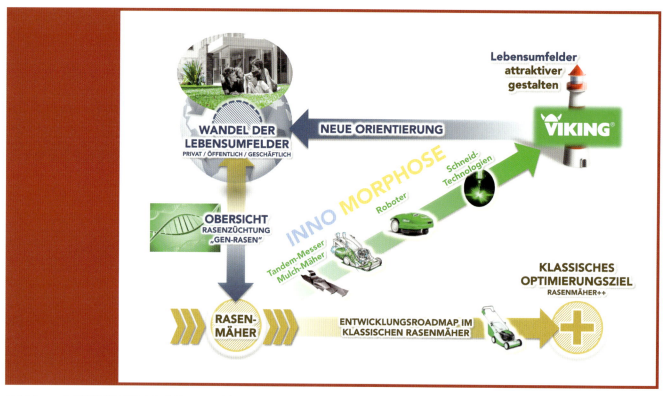

Abbildung 56: WOIS-VIKING-Entwicklungsprojekt   *Quelle: Eigene Darstellung; Fotoquellen: gmastr, Rost-9D, scanrail (alle iStock)*

Welche Chancenfelder konnte sich VIKING erschließen? Ein Kernelement der Unternehmens-DNA von VIKING basierte auf Rasenpflege. Deshalb wurde strategisch NICHT auf die Entwicklung von genmanipuliertem Saatgut gesetzt. Vielmehr führte das Bewusstsein des Leuchtturms zu einer neuen, strategischen Frage: Welche Art von Pflege wird Rasen erfordern, der sein Wachstum regulieren kann? Die Marke VIKING verspricht hochwertige Geräte für den Garten und somit auch die höchste Performance für die Gestaltung attraktiver Lebensumfelder. Die Innomorphose von VIKING zielt langfristig auf Schneid- und Pflegetechnologien, die immer attraktivere Lebensumfelder erlauben, auch wenn entsprechend gezüchteter Rasen nur sehr langsam wächst. Die Gesetzmäßigkeit, die den Wandel von mechanischen Prinzipien hin zu Stoff-Feld-Technologien forciert, bringt hier starke Orientierung. Mittelfristig löste die Realisierung des iMow-Robotermähers die Herausforderung, das klassische Kundensegment der Hobbygärtner um weitere Kundensegmente zu erweitern (siehe VIKING-Innomorphose in Abbildung 56). Hierfür war die Gesetzmäßigkeit von der „Instrumentalisierung hin zur Automatisierung" richtungsweisend. Innerhalb von neun Monaten konnte kurzfristig durch den Multi-Mäher™, der die Gesetzmäßigkeit der Modularität und der „hierarchischen Aufteilung der Gesamtfunktion" verkörpert, der Umsatz des Geschäftssegmentes deutlich gestärkt werden. So wurde auch die Markenbekanntheit im Premiumsegment nachhaltig ausgebaut. Das Ergebnis der Innomorphose wird nicht in der Ansammlung von Singularitäten deutlich, sondern stellt eine umfassend abgestimmte Roadmap für die Zukunftsgestaltung dar. Damit wurde der Wandel für VIKING in allen strategisch relevanten Facetten eines Unternehmens systematisch synchronisiert.

Take away

Um mit der heutigen Veränderungsdynamik mithalten zu können, reichen temporär organisierte Transformationsprozesse nicht mehr aus. Die kontinuierliche Transformation, die Innomorphose, muss zum Kernprozess des Unternehmens werden.

Auf der Suche nach neuen Potentialen war es in der Vergangenheit ausreichend, nur ab und an die Frage nach neuen Geschäftsmodellen zu stellen. In den Jahren danach wurden diese – basierend auf Erfahrung und kontinuierlicher Verbesserung – ausgereizt. Die grundlegende Frage nach neuen Geschäftsmodellen hätte die Ernte der bestehenden Potentiale nur unnötig gestört. Die zwei Managementansätze – Exploration und Exploitation – wurden in der Vergangenheit sequentiell genutzt. Heute wird Exploration zum Regelzustand. Industrien mit kurzen Produktlebenszyklen nutzen heute bereits mehrere Geschäftsmodelle parallel. Extrem betrachtet, führen die beiden Modelle zu folgenden Chancen und Risiken: Operational Excellence (Exploitation) erhöht die Profitabilität und damit die Fähigkeit zu investieren. Wenn sich jedoch die Wettbewerbsbasis ändert, reicht Exploitation nicht zur Sicherung der Zukunftsfähigkeit aus. Innovation-Leadership (Exploration) kreiert Alleinstellung. Die entwickelten Ansätze lassen sich in der Regel mittel- bis langfristig umsetzen. Ohne Operational Excellence bleibt die Frage offen, wie die nötige Vorleistung zur Überbrückung der zeitlichen Lücke bis zum Payback der neuen Konzepte finanziert werden kann. Die zukünftige Herausforderung von Unternehmen liegt in der Überwindung von Pfadabhängigkeiten und damit in der Integration der Chancen beider Ansätze (siehe Abbildung 57). Bisher gelingt dieser Balanceakt jedoch kaum (nur in ca. 2 Prozent der Fälle).[15] Innomorphose verbindet die zukunftsorientierende Stärke von Innovation-Leadership mit den ausreizenden Mechanismen zur Gestaltung von Operational Excellence.

Innomorphose kann erfolgreich organisiert werden, wenn es gelingt, für alle Beteiligten Transparenz für den Weg in die Zukunft zu schaffen. Dazu ist die Integration der Argumente aller Beteiligten in das gemeinsame Zukunftsbild erforderlich. Erfolgreiche Transformation bedingt die Wissensvernetzung entlang der gesamten Wertschöpfungskette eines Geschäftsmodells und damit eine einheitliche, gemeinsame Verständnisbasis. Die Integration aller Mitarbeiter in den Prozess kann dadurch beschleunigt werden, dass das neue Know-why vermittelt und zum zentralen Kommunikationselement wird. So kann vermieden werden, dass jeweils die komplette vertikale und horizontale Kommunikationskette argumentiert werden muss. Transparenz ist eine Notwendigkeit, um die Argumente für eine neue Zukunft finden zu können. Gleichzeitig wird Transparenz gefürchtet, da sie persönliche Schwächen offenlegt. Es ist eine Unternehmenskultur notwendig, die auf Veränderungsbereitschaft und Erneuerungswillen beruht.

Die Schließung der strategischen Lücke zwischen dem Wandel der Umgebung und den Erfolgsmustern des bestehenden Geschäftsmodells erfordert es, dem Know-how ein neuartiges Know-why gegenüberzustellen. **Know-why ist das Bewusstsein über relevante Veränderungen im zukünftigen Umfeld und damit die Begründung für unsere Notwendigkeit des Wandels.** Um eine Synthese zu erreichen, muss das gesamte Geschäft synchronisiert die Lücke zwischen dem heute operationalisierten Expertenwissen und zukünftigen Anforderungen überwinden. Das Ziel ist damit eine Neufokussierung des Unternehmens-Denkrahmens. So kann eine Verschie-

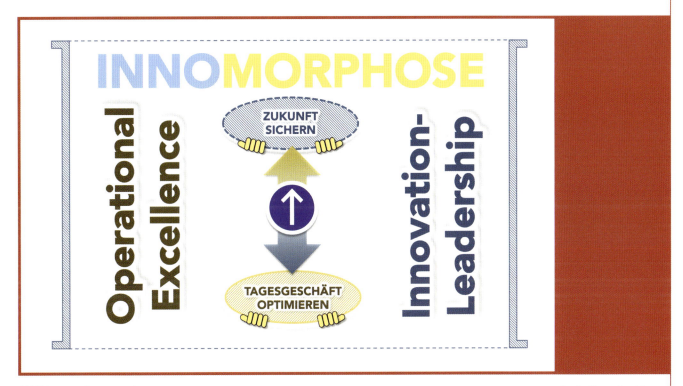

Abbildung 57: Innomorphose *Quelle: Eigene Darstellung*

bung des Entscheidungs-Bezugspunktes in die Zukunft erfolgen, um die nachhaltig erfolgreiche Umsetzung der Unternehmens-Transformation sicherzustellen. Dies erfordert die transparente Darstellung der Abhängigkeiten und Wechselwirkungen der einzelnen Aktivitäten im zeitlichen Ablauf.

7 WOIS-Kernelemente

7.1 Herausforderung des industriellen Wandels

Automatisierung hat eine jahrzehntelange Geschichte. Mit der Entwicklung des Computers in den 1940er Jahren wurden erste Schritte eingeleitet. 1967 wurde der Taschenrechner entwickelt. Mit Personal Computern wurde die Technologie in den 1970er Jahren für jedermann erschwinglich. Das Moore'sche Gesetz in Verbindung mit „Economies of Scale"-Effekten führt seit den 1970er Jahren dazu, dass permanent Bauteile mit erheblich gesteigerter Leistungsfähigkeit zu nahezu konstanten Kosten zur Verfügung stehen und gleichzeitig Bauelemente mit Basisfunktionalität zu geringsten Kosten bereitgestellt werden können. Damit wurde die Möglichkeit geschaffen, intelligente Systeme mit erschwinglichem Aufwand miteinander zu verknüpfen.

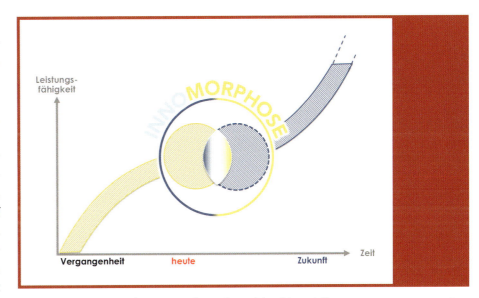

Abbildung 58: Innomorphose – Transformation erfolgreich gestalten   *Quelle: Eigene Darstellung*

Die zunehmende Vernetzung ist eine der Initialzündungen für zahlreiche nichtlineare Entwicklungen der vergangenen Jahre, die heute unter dem Begriff der Digitalisierung zusammengefasst werden. Der Begriff digitale Revolution (oder elektronische Revolution) bezeichnet den durch Digital- und Netzwerktechnologie ausgelösten Umbruch, der seit Ausgang des 20. Jahrhunderts einen fundamentalen Wandel sowohl der Technik als auch nahezu aller Lebensbereiche bewirkt. Es wird ein Umbruch erwartet, der dem der industriellen Revolution entspricht. Parallel zu den technologischen Umbrüchen wird bereits über den Wandel hin zur Gesellschaft 4.0 geschrieben.[1] Durch die Digitalisierung werden bisher personalintensive Prozesse automatisiert. Die frei werdenden Arbeitskräfte stehen für andere Herausforderungen zur Verfügung. Ähnliche Entwicklungen konnten während der Industrialisierung beobachtet werden. Durch die Industrialisierung der Landwirtschaft wurden weniger Menschen für die Sicherung der Ernährung benötigt, so dass Arbeitskräfte für die entstehende Industrie zur Verfügung standen.

> Zugrundeliegende Effekte werden besonders an Stellen deutlich, an denen „traditionelle Geschäftsmodelle" auf Systeme stoßen, die den Gesetzmäßigkeiten der neuen Zeit unterliegen. Über Jahre hinweg ist es der Automobilindustrie gelungen, integrierte Navigationssysteme für erhebliche Aufpreise zu verkaufen. Kunden beklagten von Beginn an, dass die Systeme bereits nach wenigen Jahren mit der Leistungsfähigkeit moderner, mobiler Navigationsgeräte nicht mehr Schritt halten konnten. Nunmehr sieht sich die Automobilindustrie in doppelter Hinsicht unter Druck: Zum einen verlangen Smartphone-Anbieter und Kunden, die Smartphone-Oberfläche 1:1 in die Benutzeroberfläche moderner Fahrzeuge zu integrieren. Zum anderen werden für neue Oberklassefahrzeuge Firm- und Software-Updates angekündigt. Beide Entwicklungen entsprechen weder den klassischen Entwicklungszyklen der Automobilhersteller noch werden sie dem „Aufpreislisten-Verkaufsmodell" gerecht. Das klassische Modell teurer Aufpreislisten wird spätestens durch die Smartphone-Integration massiv aufgeweicht.

Durch die Automatisierung wurde in zahlreichen Ländern die Industrialisierungsquote zurückgefahren. Industrie 4.0 benötigt jedoch ein „Industrial Backend". In dieser Hinsicht hat Europa gegenüber den USA (und Großbritannien) einen Standortvorteil, da speziell Deutschland im Zeitalter der Automatisierung die Industrialisierungsquote beibehalten hat.[2]

Die Digitalisierung revolutionierte zunächst auch die gesamte Branche der Büromaschinenhersteller. Mechanische Traditionsmarken wie Olympia verloren an Bedeutung. „Digitale Marken" wie HP und Dell wurden neu geschaffen. Die digitale Revolution steht jedoch erst am Anfang. Jahrzehnte nachdem das Geschäftsfeld von Olympia zunächst scheinbar schleichend durch die Digitalisierung, aber dann doch nachhaltig revolutioniert wurde, stehen HP, Dell & Co. nunmehr nahezu vor der gleichen Situation wie einst Olympia. Das Bild unserer Wirtschaft wird sich im kommenden Jahrzehnt grundlegend wandeln. In diesem Zusammenhang wird sich sehr wahrscheinlich eine Vielzahl von Branchen mit den Effekten der Digitalisierung neu konfrontiert sehen. Die Grundsätzlichkeit der Auswirkungen ist für die meisten Organisationen heute noch nicht greifbar. Damit steht die Mehrzahl der Unternehmen vor der Herausforderung, sich entweder in den kommenden Jahren erfolgreich neu erfinden zu müssen oder aber massiv den Anschluss zu verlieren.

Mit dem Beginn der Industrialisierung hatten Geschäftsmodelle einen Lebenszyklus von mehreren Generationen.[3] Unternehmen, die sich bereits heute erfolgreich auf die Herausforderungen der Digitalisierung einstellen, nutzen schon jetzt mehrere Geschäftsmodelle parallel. Diese Situation ist neu. „In Zukunft wird der Wettbewerb nicht länger auf Produktebene, sondern auf Geschäftsmodellebene geführt."[4]

Damit steht für alle Zukunftsgestalter die Herausforderung im Raum, wie sie Orientierung für neue Perspektiven in immer dynamischeren Umfeldern gewinnen können.

Neue Perspektiven sind entscheidend, da für alle Anbieter die gemeinsame, zwingende Notwendigkeit besteht, für das etablierte Umfeld neuartige Lösungen zu gestalten. Solche disruptiven Angebotsformen revolutionieren die Wettbewerbsstruktur ganzer Branchen (siehe blaue Kurve in Abbildung 59). Dabei kann beobachtet werden, dass die Wettbewerber aus immer ungewöhnlicheren und scheinbar entfernteren Feldern stammen:

- Mobilfunk vs. Banken
- Automobil vs. Google/Apple
- Schreibgeräte vs. Tablet

Bei aller Unterschiedlichkeit der spezifischen Unternehmensinhalte gilt es im Wesentlichen immer wieder die gleiche Barriere zu überwinden. Die Schlüsselressourcen eines Unternehmens müssen auf scheinbar „Unglaubwürdiges und Unlogisches" fokussiert werden (siehe Abbildung 59). Die Fokussierung auf diese neuen Geschäftsmodelle scheint aus heutiger Sicht, auf Grundlage heutiger Bewertungskriterien unlogisch. Die heutige Logik widerspricht dem neuen Ansatz, da er wenig leistungsfähig scheint. Jedoch haben gerade die scheinbar unlogischen Richtungen unter neuen Bewertungskriterien das Potential exponentieller Leistungsfähigkeit im Vergleich zum bestehenden Geschäftsmodell.

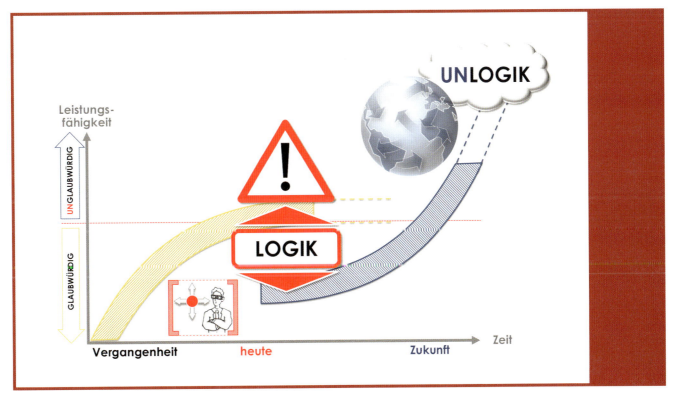

Abbildung 59: Innomorphose fordert bestehende Branchenlogik heraus

Quelle: Eigene Darstellung

Studien zeigen, dass Unternehmen im Rahmen ihrer Weiterentwicklungen eher auf inkrementelle als auf radikale Konzepte setzen.[5] Sie versuchen, die Entwicklungspotentiale des bestehenden Geschäftsmodells (siehe gelbe Kurve in Abbildung 59) auszureizen. Radikale Ideen übersteigen die Branchenlogik so weit, dass es nahezu unmöglich ist, sie im Rahmen des üblichen Projektmanagements zu verfolgen. Es sind Vorgehens- und Denkweisen notwendig, die über das klassische Innovationsmanagement hinausgehen. Manager und Gesellschafter stehen vor der Herausforderung, Entscheidungen auf Basis bisher branchenunüblicher Muster treffen zu müssen. Das heißt, sie müssen sich von der Branchenlogik lösen und ihre Erfolgsmuster in die Zukunft transformieren. Es geht darum, die Bedeutung der bisherigen Optimierungskriterien systematisch zu hinterfragen (siehe Logikbarriere in Abbildung 60).

Um diese Diskussion überhaupt starten zu können, spielt die Unternehmenskultur eine essentielle Rolle. Veränderung darf nicht isoliert ablaufen, sondern muss von der kritischen Masse einer Organisation und unter Beteiligung aller Organisationsbereiche getragen werden. Nachhaltige Veränderungsbereitschaft darf nicht ausschließlich in der Geisteshaltung von Einzelnen bzw. in Business-Development-Abteilungen verwurzelt sein. Doch wie kann Zukunft nachhaltig gestaltet werden?

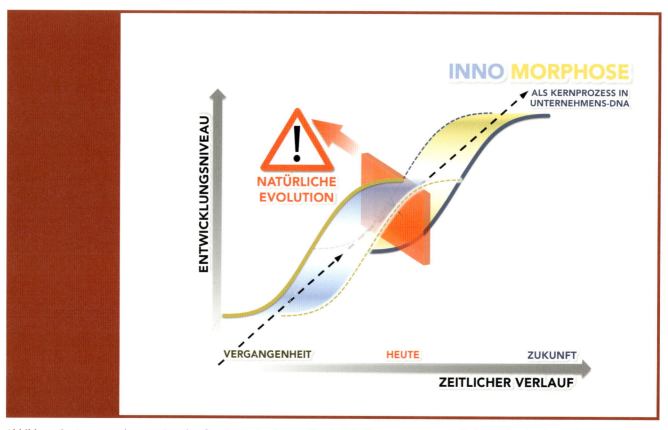

Abbildung 60: Innomorphose – ein zukunftsorientierter Prozess für die Schaffung von neuen Freiheitsgraden durch Krealytics
Quelle: Eigene Darstellung

Zukunftsdesign erfordert die Organisierung eines Innomorphose-Prozesses, mit dem der Übergang vom Heute in die Zukunft effektiv und effizient gestaltet werden kann (siehe Abbildung 60). Dieser muss zum Kernprozess der Unternehmens-DNA werden.

Die Natur kann sich für die Metamorphose und die Programmierung des Erfolgscodes der Evolution Zeit lassen. Das Prinzip „eingebauter Kopierfehler" mit anschließender Selektion („survival of the fittest") nach Darwin kann aber auf Fragen des Wettbewerbs nicht übertragen werden. Innovatoren müssen den Wandel schneller, orientierter und wirtschaftlich erfolgreich organisieren. Der moderne Wettbewerb verzeiht keine Fehler. Die wesentlichen Erfolgsmuster der Innomorphose lassen sich, bezogen auf die Kernfragestellungen einer Organisation für die Gestaltung von Zukunftsfähigkeit, diskutieren.

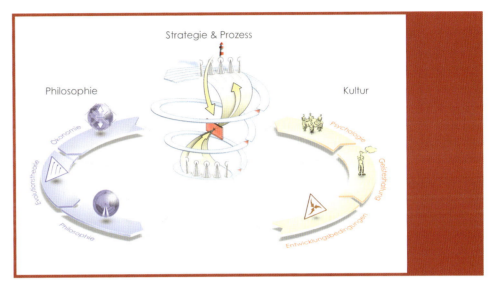

Abbildung 61: WOIS – Widerspruchsorientierte Innovationsstrategie *Quelle: Eigene Darstellung*

Die beschriebenen Rahmenbedingungen sind der Grund, dass die Entwicklung von WOIS, der Widerspruchsorientierten Innovationsstrategie, auf vier Kernelementen beruht (siehe Abbildung 61):

- Philosophie gibt Argumentations- und Prognosesicherheit. Sie führt zu Richtungsorientierung, um so die heutige Logik zu hinterfragen.

- Kultur unterstützt die interdisziplinäre Diskussion. Durch das Bestreben, gegensätzliche Perspektiven integrieren zu wollen, entsteht Vertrauen als Antrieb für Veränderungsbereitschaft. Letztere bildet die Grundlage für die Entwicklung starker Zukunftsbilder durch schwache Signale aus bisher isoliert handelnden Bereichen.

- Die Strategie fokussiert gezielt Ressourcen auf zukunftsrelevante Herausforderungen, ohne dabei das operative Geschäft zu vernachlässigen, und bildet so die Grundlage für Innomorphose – traditionserhaltende Erneuerung.

- Der Prozess organisiert und strukturiert die innovative Abkürzung der Höherentwicklung. Die Basis hierfür ist ein Vorgehen, das kreativen Freiraum und analytische Präzision in einer Synthese vereint.

7.2 Wie orientieren? Durch Innovationsphilosophie

Die Entwicklung der Welt ist von Diskontinuitäten und einer sich steigernden Komplexität durch immer intensivere Vernetzungen gekennzeichnet. Insbesondere die Verflechtung von Geld-, Waren- und Informationsströmen und schnell veränderlichen Kundenbedürfnissen führt zu Systemen, die nicht länger isoliert für sich betrachtet werden können. Wechselwirkungen sind nichtlinear. Diese Veränderungsdynamik resultiert für Unternehmen in der Notwendigkeit, ihre Geschäftsaktivitäten und -modelle kontinuierlich anzupassen.

Grundlegend für den Aufbau dieser Fähigkeit ist, die stetige Veränderungsbereitschaft zum Kern der Unternehmenskultur zu machen. Nur auf diese Weise können zukunftsorientierte Prozesse überhaupt mit Aussicht auf Erfolg immer wiederkehrend initiiert werden. Der Unternehmensentwicklungsprozess muss zum Kernprozess der Organisation werden. Klassische Top-down-Prozesse haben dabei ausgedient. Erfolgreiche Sichten bedingen die Vernetzung von tiefem Expertenwissen und breiten, übergeordneten Orientierungen, die jeweils über die heute üblichen Branchengrenzen hinausgehen können. Die Lehre des Veränderungsmanagements argumentiert die Bedeutung von starken Visionen und der Kommunikation im Rahmen grundlegender Transformationsprozesse.[6]

Olympia hat sich bereits sehr früh mit der Entwicklung von zukunftsweisenden Technologien der Datenverarbeitung beschäftigt und war damit wohl auch seiner Zeit voraus. Trotz der Antizipationen von Olympia spielt das Unternehmen in der Computerindustrie heute keine Rolle, die mit seiner Pionier-Position im Schreibmaschinenmarkt vergleichbar wäre.

> **Kennen Sie diese Situation? Woran orientieren Sie sich für die Zukunft?**

Die Herausforderung besteht heute häufig darin, dass diffuse Ausgangssituationen den Blick auf die Zukunft verschleiern. Grundlegende Richtungsentscheidungen können aufgrund unzureichender Argumentations- und Prognosesicherheit nicht getroffen werden (siehe Abbildung 62). Für die Zukunftsfähigkeit von Organisationen reicht Know-how allein nicht mehr aus. Immer entscheidender wird die Kombination des aktuellen Know-hows mit dem richtungsweisenden Know-why. Es gilt, die strategische Lücke zwischen klassisch strukturierten Stage-Gate®-Prozessen und den früheren Phasen strategischer Richtungsentscheidungsprozesse zu schließen. Um potentialträchtigste Richtungen zu identifizieren, bedarf es einer umfassenderen Orientierung. In vielen Unternehmen zeigt sich, dass trotz Innovationsmanagement, Marketing und F&E-Organisationen eine strategische Lücke bei der Gestaltung orientierter Geschäftsentwicklungsprozesse besteht. Es gilt, die strategische Lücke zwischen der Komplexität der Welt und klassischen Innovationsmanagementprozessen, die sich auf aktuelles Branchen-Know-how stützen, zu schließen.

Innovationsmanager kümmern sich in der Regel im Rahmen einer strukturierten Prozesslandschaft um die Ausreizung von Grenzen. Diese sind innerhalb der heutigen Branchenlogik durch alle Wettbewerber latent akzeptiert. Die Aktivitäten gezielt auf Ansätze auszuweiten, also Forderungen zuzulassen, die hinter die allgemein akzeptierten Grenzen zielen, kann ein Kristallisationskeim für zukünftigen Unternehmenserfolg sein. Die Gestaltung von „strategischen Innovationsentwicklungen" bedarf eines umfassenden Blickes auf die gesamte Wertschöpfungsspirale, was in der Regel keine Unternehmensfunktion allein leisten kann. Es erfordert die Kenntnis globaler Entwicklungen, wie zum Beispiel von Trends, deren Zusammenhängen, resultierenden unternehmensspezifischen Auswirkungen und Chancen. Basis hierfür ist die Gestaltung von strukturierten Innovationsentwicklungsprozessen.

Abbildung 62: Auf der Suche nach Orientierung für Zukunftsfähigkeit
Quelle: Eigene Darstellung

Wie entstehen Orientierungsmuster? Die Wahrscheinlichkeit, schwache Signale als Kristallisationskeim für Zukunftsrichtungen gezielter wahrnehmen zu können, kann durch die Abstraktion des Herausforderungsfeldes erhöht werden (siehe Abbildung 63). So kann der Denkrahmen sukzessive ausgeweitet werden, ohne den Bezug zur eigentlichen Kernfrage zu verlieren. Der Anregungsraum sollte darüber hinaus systematisch durch die Suche nach Analogien auf vergleichbaren Abstraktionsebenen ausgeweitet werden. Die gemeinsame Strukturierung der „Obersicht" führt zu einem einheitlichen Verständnis der relevanten Facetten. Diese

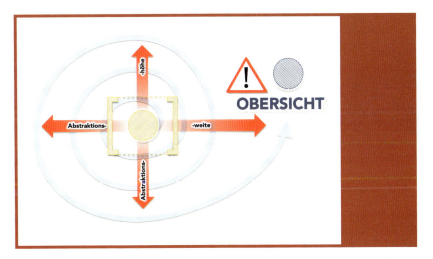

Abbildung 63: Potentiale innerhalb der Innovationsspirale durch mehr Orientierung identifizieren
Quelle: Eigene Darstellung

Obersicht bildet einen strukturierten Überblick zur Hierarchisierung der Analyse.

Oftmals wird bei zukunftsorientierten Diskussionen der Blick in die Vergangenheit vernachlässigt. Dabei kann gerade diese Perspektive wertvolle Erkenntnisse liefern. Die Generationsanalyse zeigt im zeitlichen Verlauf, mit welchen Herangehensweisen historischen Barrieren begegnet wurde. Dadurch werden Anregungen und Projektionen für die Zukunft möglich. Gerade auch Ansätze, die nicht bis zur Marktreife verfolgt wurden, können unter heutigen bzw. zukünftigen Gesichtspunkten großes Potential bergen. Tops und Flops aus der Vergangenheit könnten unter neuen Rahmenbedingungen auf höherem Entwicklungsniveau wiederbelebt werden. Die Reflexion der Vergangenheit ist jedoch für die Ableitung von Zukunftsrichtungen nicht ausreichend. Hierfür müssten umfangreiche strategische Analysen des Unternehmensumfeldes angestrengt werden.

Doch wie kann sichergestellt werden, dass das Streben nach umfassender Orientierung nicht zur Lebensaufgabe wird? Unternehmerisches Vorgehen bedeutet,

- Entscheidungen mit unternehmerischem Risiko in unscharfen Situationen zu treffen.

- Entscheidungen bewusst zu treffen, auch wenn noch nicht alle Informationen endgültig vorliegen. Das Streben nach 100-prozentiger Transparenz verzögert Entscheidungen so lange, bis sich andere Wettbewerber bereits entschieden haben bzw. sich die Ausgangssituation wieder geändert hat.

- auf Basis einer klaren Struktur Daten zu analysieren und Lücken zu identifizieren.

- durch strategische Orientierung klare Indizien für relevante Informationsbausteine zu schaffen.

Für die Strukturierung der notwendigen Arbeit kann die älteste aller Wissenschaften, die Philosophie, Orientierung geben (siehe Abbildung 64). Die Philosophie wird als die Lehre der Zusammenhänge der Co-Evolution von Natur, Denken und der Gesellschaft verstanden.[7] Aus diesen grundsätzlichen Perspektiven wurden im Rahmen der Widerspruchsorientierten Innovationsstrategie (WOIS) Modelle abgeleitet, die den

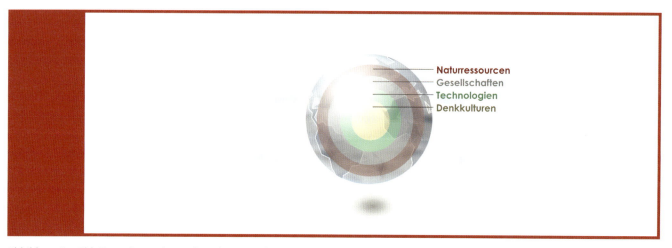

Abbildung 64: Ableitung der umfassend strukturierenden Innovationssäulen aus philosophischen Grundkategorien *Quelle: Eigene Darstellung*

Umgang mit Komplexität durch umfassend strukturierende Sichten unterstützen. So können wesentliche Barrieren und damit Entwicklungsrichtungen identifiziert und darüber hinausgehende Potentiale systematisch erschlossen werden.

Abgeleitet aus den philosophischen Grundkategorien, lassen sich Fakten, Trends und Limits in Form von Entwicklungswidersprüchen entlang der Innovationsspirale abbilden (siehe „Delta" in Abbildung 65). Durch die Strukturierung anhand philosophischer Basiskategorien können komplexe Abhängigkeiten, einer immer wiederkehrenden Struktur folgend, diskutiert werden. Die Struktur erlaubt, dass einzelne Perspektiven individuell für sich betrachtet werden können, ohne dabei den Blick für das Ganze zu verlieren. Durch den Aufbau der Strukturierung bleibt gleichzeitig die Möglichkeit erhalten, wechselseitige Abhängigkeiten zu analysieren. Die Erweiterung und Anpassung der philosophischen Grundkategorien auf fünf Innovationsperspektiven erzeugt unmittelbare Relevanz für Unternehmen. Die Business-Innovationssäulen schaffen die Fähigkeit, Wertschöpfungsketten von Unternehmen umfassend zu charakterisieren und zu analysieren. Potentialreichste Herausforderungen werden durch Orientierungen an Obersystemen[8], Gesetzmäßigkeiten und zukunftsweisenden Trends in Naturressourcen, Organisationen, Leistungsangeboten, Märkten und Wertschöpfungsmodellen erarbeitet (siehe fünf Innovationssäulen in Abbildung 65). Dieses Vorgehen vereint die strategische Analyse mit den Perspektiven des Geschäftsmodells, wodurch unmittelbar neue Geschäftsmodellpotentiale aufgedeckt werden können.

Abbildung 65: Fakten, Trends und Limits in der umfassenden Innovationssäulen-Analyse

Quelle: Eigene Darstellung

Um aus der umfassenden Sicht wesentliche Erkenntnisse für das eigene Unternehmen ableiten zu können, ist es von höchster Relevanz, die Hierarchieebene einzelner Argumente zu kennen. Im Rahmen der strategischen Auseinandersetzung können geschäftsmodellnahe Argumente mit höchster Präzision und Argumentationskraft wiedergegeben werden. Schwache Signale sind unschärfer formuliert und werden entweder mit geringer Relevanz wahrgenommen oder übersehen. Häufig ist die Wirkung jedoch mittel- bis langfristig fundamental. Die Hierarchieebenen der Innovationssäulen zeigen optisch, welche Argumente schwerer wiegen (siehe „Heutiges Geschäftsmodell" und „Zukünftige Verschiebungen in der Welt" in Abbildung 65). Eine Ausweitung der Analyse auf die Wettbewerber und die Kunden der eigenen Kunden wiederum, über alle Hierarchieebenen hinweg, öffnet systematisch den Betrachtungshorizont auf die Größen- und Veränderungsmechanismen von Märkten (siehe weiße Kegel um die jeweils farbige Säule in Abbildung 65). Diese Perspektive würde im eigentlichen Kern keine Beachtung finden.

Die fünf Innovationssäulen unterstützen die Erarbeitung einer umfassenden Sicht auf Basis von Fakten, Trends und Limits eines Herausforderungsfeldes. Dabei stellen die Fakten das heutige Unternehmen mit seiner strategischen Ausrichtung, seinen Fähigkeiten und der Branchenlogik dar, unter Berücksichtigung von relevanten zeitlichen Veränderungsverläufen. Die Trends spiegeln die Veränderungen in den Obersystem-Welten wider, aus denen zukünftige Entwicklungen für das Unternehmen abgeleitet werden können.[9] Dabei stehen Veränderungsdynamiken im Fokus, die das Geschäft beflügeln oder auch gefährden können. Im eigentlichen Sinn spielt es keine Rolle, denn es liegt im Naturell der Obersystem-Argumente, dass sie durch das eigene Unternehmen, wenn überhaupt, nur mittelbar beeinflusst werden können.

Legt man diese beiden Sichten übereinander, so wird die Entwicklungs- und Argumentationslücke deutlich, die sich zwischen der heutigen Unternehmens- und Branchen-Ist-Situation sowie dem heutigen Denkrahmen und den Veränderungen in der Welt öffnet (siehe Delta – Innovationspotential in Abbildung 65). Diese Lücke hat das Potential, die heute bestehende Branchenlogik zu revolutionieren, egal welcher Betrachtungsperspektive der fünf Innovationssäulen sie entstammt. Langfristiger Unternehmenserfolg erfordert die Anpassung der Geschäftstätigkeiten, so dass die zukünftigen Herausforderungen durch das eigene Geschäftsmodell mit abgedeckt werden können.

Online-Vertiefung
Wie Sie strategische Potentiale für radikale Geschäftsmodelle identifizieren sowie erfolgreiche Geschäftsmodelle gestalten und umsetzen können, erfahren Sie auf:
www.wois-innovation.de/Geschaeftsmodell

Fazit: Im Streben nach Zukunftsfähigkeit suchen Unternehmen gezielt nach Alleinstellungsmerkmalen, um in hart umkämpften Wettbewerbsumfeldern systematisch wahrnehmbar zu bleiben und sich so durchzusetzen (Optimierungsregeln der Branche in Abbildung 65). Ziel ist es, mit Weitblick den innovativen Vorsprung kontinuierlich auszubauen und im Wettbewerbsmarathon der Höherentwicklung nachhaltig zu bestehen (siehe Abbildung 66). Innerhalb der Widerspruchsorientierten Innovationsstrategie (WOIS) wird ein Leuchtturm, der das zukünftige Leistungsversprechen des Unternehmens an seine Kunden ausdrückt, gesetzt. Der Leuchtturm dient der Überprüfung, ob das aktuelle Geschäftsfeld Zukunftspotentiale birgt oder ob nur neue Geschäftsfelder das

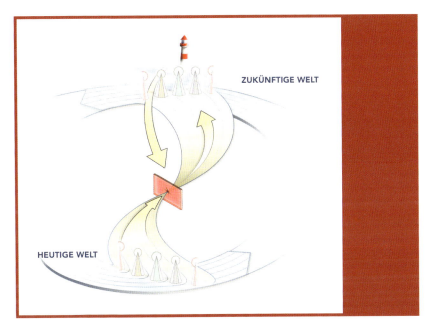

Abbildung 66: Picture of the Future   *Quelle: Eigene Darstellung*

Überleben des Unternehmens sichern können. „Der beste Bleistiftanspitzer ist der, den man nicht braucht – der jedoch seine Funktion erfüllt, sowie es ein Druckminenbleistift tut." Dabei ist die mögliche starke Wirkung heute noch schwacher Signale nicht zu unterschätzen! Dieser Leuchtturm kann als „radikale Idealität" verstanden werden: radikal, da Innovationen bewusst hinter aktuelle Leistungsgrenzen zielen und deshalb mit bestehenden Konventionen gezielt brechen; ideal, da das Brechen mit Konventionen in einer Art und Weise geschehen soll, die mit der Ethik und den Werten der Gesellschaft in Einklang liegt. Das Delta zwischen dem Heute und der Zukunft kann für jede der fünf Innovationssäulen durch einen Zielkonflikt charakterisiert werden, den es widerspruchsorientiert zu lösen gilt.

7.3 Wie inspirieren? Durch Innovationskultur

Moderne Entwicklungen folgen in der Regel nichtlinearen Veränderungsprozessen. Die Kenntnis zukünftig relevanter Anforderungsprofile ist erforderlich, um Kundenbedürfnisse befriedigen zu können. Diese zu antizipieren setzt ein andersartiges Denken voraus. Um wesentliche Potentiale identifizieren zu können, hat sich eine Umkehrung der Denkoperation bewährt. Vom langfristigen Zukunftsbild aus zurück zu argumentieren befreit von vordergründigen Denkblockaden durch Erfahrungswissen, nämlich das Wissen, auf dessen Basis nach der heutigen Logik der nächste Schritt unmöglich erscheint.

Olympia hat damals den weisenden Trend der Computerisierung erkannt und daraus Entwicklungsaufgaben für sich im Bereich der Datenverarbeitung abgeleitet. Hieraus ist die „Omega"-Maschine entstanden.

Wie können die Erfolgsmuster von morgen frühzeitig erkannt werden? Innovationen, die Wettbewerbsspielregeln neu definieren, folgen Mustern der Höherentwicklung, die in Form von Gesetzmäßigkeiten seit Jahrzehnten als Ergebnis wissenschaftlicher Untersuchungen vorliegen.[10] Innovationen stehen mit allen Unternehmensbereichen in Wechselwirkung. Fachspezifische Disziplinen sind oft geprägt von eingefahrenen Denkmechanismen, die es erschweren, alternative Perspektiven einzunehmen. Interdisziplinäre Vernetzung — unter einer zukunftsorientierten Geisteshaltung — ist der Schlüssel, um faktenbasiertes Expertenwissen zu hinterfragen und damit bestehende Leistungsgrenzen zu verschieben. Es erfordert eine offensive Denktechnologie, die systematisch und gezielt Innovation provoziert.

Basis hierfür ist Abstraktionsdenken, das dazu befähigt, Muster der Höherentwicklung zu erkennen, um so den Analogieraum systematisch auszuweiten. Die Ableitung von Lösungsrichtungen, die über das heutige Expertenwissen hinausgehen, erfordert, bestehende Leistungsgrenzen zu provozieren und durch innovative Lösungen neue Maßstäbe zu definieren. Es gilt, sich nicht zu früh mit der Suche nach „optimalen Kompromissen" zufriedenzugeben. Üblicherweise werden zur Anregung in Innovationsprozessen Kreativitätstechniken wie Brainstorming eingesetzt. Diese reichen jedoch zur umfassenden und systematischen Erschließung von Innovationsperspektiven nicht aus.

Innovation erfordert Denkformen, die über die Prinzipien der Logik hinausgehen und vordergründig unlogische Verknüpfungen zulassen. Morgenländische (Yin — Yang) und altgriechische (Einheit und Kampf der Gegensätze) Philosophien unterstützen gezielt die Synthese scheinbar widersprüchlicher Herausforderungen. Die Kombination strukturierter Analysen und strategischer Orientierungsmittel mit dialektischen Synthesen kann die Basis für anregende Innovationsprozesse bilden. Abgeleitet aus dem Grundgesetz der Dialektik „Polarität und Einheit der Welt", beschreiben Entwicklungswidersprüche auf der Innovationsspirale Barrieren, die es zu überwinden gilt (siehe Abbildungen 66 und 67). Für Innovationsprozesse ist es nötig, die Messlatte systematisch so hoch zu legen, dass mit heute üblichen Mitteln eine Zielerreichung unmöglich erscheint. Dieses Vorgehen provoziert bewusst Denkblockaden, die nur durch ein Verlassen des traditionellen Denkrahmens aufgelöst werden können. Mit der Führungsgröße werden die logischen Zusammenhänge sichtbar, die für die Ausgestaltung des Lösungsansatzes überwunden werden müssen.

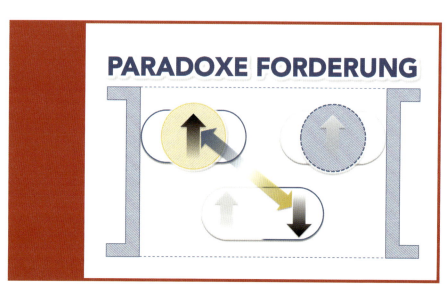

Abbildung 67: Aufweitung des Denkens von Widerspruch zu paradoxer Herausforderung
Quelle: Eigene Darstellung

Fazit: Die gezielte Bearbeitung von Entwicklungswidersprüchen hilft, Unternehmensressourcen auf wesentliche Zukunftsrichtungen zu fokussieren. Diesen Schlüsselansatz hat die Widerspruchsorientierte Innovationsstrategie (WOIS) mit dem Widerspruchsmodell als Kern für Höherentwicklungsprozesse methodisch und praktisch nutzbar gemacht. Dadurch gelingt es, Innovationsbarrieren scharf herauszuarbeiten und Innovationen gezielt zu provozieren. Die Orientierung hin zur fortschrittlichen Entwicklungsrichtung erfordert, die Wachstumsrichtung der Führungsgröße festzulegen, die zur Definition der regelbrechenden paradoxen Fragestellung herangezogen wird. Für wesentliche Ziele gilt generell:

> **„When given a choice, take both!"**[11]

Wird die fortschrittliche Entwicklungsrichtung der Führungsgröße festgelegt, wird gleichzeitig die der paradoxen Forderung definiert (siehe Doppelpfeil zwischen dem Ziel und der Führungsgröße in Abbildung 67). Die systematische Suche nach Lösungen zu bisher unlogischen, paradoxen Herausforderungen verdeutlicht, dass Unlogik die Logik von Innovation ist.

7.4 Wie transformieren? Durch Innovationsprozess

Methodisches Vorgehen forciert in der Regel die unmittelbare Lösung von Fragestellungen. Experten folgen ihrer Erfahrung und gehen meist wie folgt vor:

- gegebene Situation
- gesuchter Ansatz
- Lösung

Werden wir mit einer Aufgabe konfrontiert, nehmen wir in der Regel den Kopf runter und suchen konzentriert nach der besten Lösung. Dieses Vorgehen steht im Gegensatz zum Verlassen des fachmännischen Denkrahmens. Größeres Potential kann durch die Herausarbeitung neuer Fragestellungen erschlossen werden. Damit liegt der Fokus auf dem Finden neuer Aufgaben aus der diffusen Ausgangssituation des Wandels.

> **In den frühen Entwicklungsphasen ist das richtungsweisende Know-why wesentlicher als das spezifische Know-how.**

Die heutigen Innovationsprozesse basieren jedoch häufig auf bestehendem Know-how. Dies führt zu Lösungen innerhalb des vorhandenen Denkrahmens. Innovationsaufgaben werden oft top-down aus den Bereichen Geschäftsleitung, Marketing und Business-Development heraus definiert und sollen anschließend von der Entwicklungsabteilung realisiert werden. Jedoch wird die Aufgabenstellung bzw. die Frage oftmals ohne das notwendige Know-how der Experten herausgearbeitet. Auf der anderen Seite müssen die Entwickler ohne das notwendige Know-why die Zukunft entwickeln. Dadurch ergibt sich auf beiden Seiten eine Informationslücke, die im Verlauf des Innovationsprozesses zum einen zu emotional-rationalen Barrieren führt. Zum anderen bleibt dadurch Innovationspotential systematisch unerschlossen.

Unternehmen sind sich der Problematik bewusst, dass mit klassischen Vorgehensweisen in der Regel nur klassische Lösungen erzielt werden können. Eine Bewusstseinsbildung zu den zugrundeliegenden Effekten hat jedoch in den seltensten Fällen stattgefunden. Vielmehr finden sich in der Literatur zahlreiche Publikationen, die die Notwendigkeit beschreiben, zahlreiche Ideen gebären zu müssen. Damit sollen im Sinne eines „Innovationstrichters" eine Vielzahl von Ideen selektiert und nur die vermeintlich vielversprechendsten Ansätze im Markt platziert werden. Kreativitätstechniken, die ein Füllen des Innovationstrichters unterstützen, stehen entsprechend hoch im Kurs. Diese Methoden leben von der Freiheit des Denkprozesses, was jedoch wiederrum zu zahlreichen unorientierten Ansätzen führen kann. Losgelöstes Querdenken führt zu zahlreichen Ideen, die anschließend mit erheblichem Aufwand evaluiert und priorisiert werden müssen. So wird in Unternehmen Zeit, Geld und Kapazität für die Erzeugung und anschließende Aussortierung zahlreicher Ideen gebunden.

Die Transformationsherausforderung bezieht sich also auch auf folgende Fragen: Kann das quantitative Generieren von Lösungsansätzen durch eine neue Qualität in der Prozessgestaltung ersetzt werden? Auf welcher Basis kann die Evaluierung von Ideen erfolgen? Welche Kriterien können zugrunde gelegt werden? So lange kein gemeinsam getragenes Zukunftsbild existiert, ist die einzig legitimierte Bewertungsgrundlage der aktuelle Unternehmenskern und damit die Optimierungskriterien des heutigen Geschäftsmodells. Gehen Ideen über den heutigen Fokus hinaus, führt die Spiegelung an den Erfolgskriterien von heute systematisch zur „Verkompromissung" und Ausreizung bestehender Ansätze. Das Ergebnis ist lediglich eine inkrementelle Weiterentwicklung. Die Frage, die wir uns stellen müssen, ist: Wie muss ein effektiver Innovationsentwicklungsprozess aussehen, damit wir den eigenen Geschäftserfolg im Sinne radikaler Innovation immer wieder maximal selbst gefährden können? Wenn eine mögliche neue Logik den zukünftigen Kundennutzen steigert, wird sie vom Markt gefordert werden. Die Frage lautet deshalb nicht: Wird der Ansatz umgesetzt?, sondern: Von wem und wann wird der Ansatz umgesetzt?

Fazit: Für Innovationsentwicklungsprozesse ist es notwendig, die strategische Lücke zwischen den Chancen und Risiken der komplexen, vernetzten Welt und klassischen, strukturierten Innovationsmanagementprozessen zu schließen. Innomorphose schafft kreativen Freiraum in strukturierten Prozessen und fördert das Verlassen des traditionellen Denkrahmens (siehe Abbildung 68). Die Arbeit mit Kreativitätstechniken allein reicht nicht aus. Die Innovationskraft kann durch die Nutzung strategischer Denkmodelle, den Wechsel der Denkrahmen in Verbindung mit einem systematisch strukturierten Prozess und der Nutzung strategischer Orientierungsmittel exponentiell gesteigert werden.

Mit der Widerspruchsorientierten Innovationsstrategie (WOIS) werden durch systematisch-umfassende Schritte Innovationsperspektiven analysiert, Richtungen entschieden und Innovationsansätze kreiert. Die wesentliche Differenzierung zu klassischen Herangehensweisen ist dabei die widerspruchsorientierte Geisteshaltung. Mit der überraschenden Erfüllung bisher widersprüchlicher Ziele werden Durchbruchinnovationen gezielter erreichbar.

Weil es häufig mehr kreative Leistung erfordert, neue und relevante Fragen zu finden als die Antworten zu geben, spielt im WOIS-Prozess die Richtungssuche eine Schlüsselrolle. Potentialreichste Herausforderungen werden durch Analysen und Orientierungen an Obersystemen, Gesetzmäßigkeiten und zukunftsweisenden Trends in Naturressourcen, Organisationen, Leistungsangeboten, Märkten und Wertschöpfungsmodellen erarbeitet (siehe Abbildung 68). Für den Innovationsprozess haben sich drei Stufen bewährt:

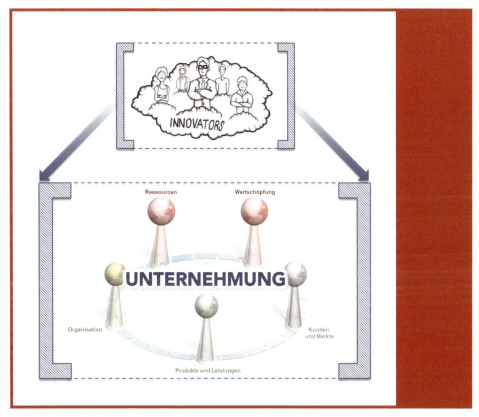

Abbildung 68: Herausforderungen der interdisziplinären Zusammenarbeit mit unterschiedlichen Blickwinkeln

Quelle: Eigene Darstellung

1. **Richtungssuche** nach dem Motto „Kopf hoch nehmen": Systematisch ausweitende Analysen zu Fakten, Trends und Limits führen zu neuen Perspektiven und Prognosen, die zu polarisierten Herausforderungen fokussiert werden können.

2. **Richtungsentscheidung** nach dem Motto „Jeder Kompromiss bleibt ein fauler Kompromiss": Schlüsselwidersprüche und paradoxe Forderungen provozieren Lösungen jenseits bisheriger Leistungsgrenzen. Scheinbar ausweglose Zwickmühlen können nur durch innovative Lösungen aufgehoben werden.

3. **Richtungsinnovation** nach dem Motto „Von der Zukunft aus zurück gestalten": Schnelles Ausgestalten führt lediglich zu Kompromisslösungen. Abstrakte Denkmuster fokussieren für Experten ungewöhnliche Entwicklungsrichtungen. Innovation ist die Ausgestaltung widersprüchlicher Herausforderungen zu Lösungen mit überraschenden, bisher undenkbaren Eigenschaften.

Innerhalb der Richtungssuche von Veränderungsaktivitäten stellt sich die Frage, in welchen Dimensionen entlang der gesamten Wertschöpfungskette eines Unternehmens Innovationspotentiale liegen. Ebenso könnte die Frage lauten: In welchen Dimensionen entlang des gesamten Nutzungszyklus eines Produkts liegen Innovationspotentiale? Zur Beantwortung dieser Fragen und mit dem Anspruch einer umfassenden Analyse ist ein Modell zur Reflexion erforderlich — ein Modell, an dem die etablierten Unternehmenshandlungen in Zusammenhang mit der bestehenden Organisationsstruktur bzw. existierende Produkte im Kontext ihrer Systemeinbindung reflektiert werden können. Abstrahiert man diese Herausforderung, so geht es also um die grundsätzliche Betrachtung von Strukturen und Funktionen im Rahmen eines Unternehmens. Aus Sicht der Theorie lautet die Frage: Wie können Strukturen so analysiert werden, das bisher nicht offensichtliche Entwicklungsrichtungen inspiriert werden können? Wie können Strukturanalysen mit mehr Orientierung zu neuen Denkrichtungen erfolgen? Welches Gedankenmodell kann für die Analyse zugrunde gelegt werden? In welchen Analogiefeldern kann Anregung für Systemstrukturen gefunden werden, die einerseits vollständig und leistungsfähig und andererseits ressourcenschonend und schlank gestaltet sind? All diesen Fragen liegt die Kernfrage zugrunde: Wann sind Strukturen vollständig?

- Wenn nichts mehr hinzugefügt werden kann? ➔ Das sind überbestimmte Systeme. Derartige Ansätze neigen zur Ressourcenverschwendung.

- Wenn nichts mehr weggelassen werden kann? ➔ Das sind passive Systeme. Derartige Ansätze reizen Leistungsgrenzen nicht aus.

Die Bionik berichtet in diesem Zusammenhang immer wieder von faszinierenden Konzepten, bei denen die Übertragung von Prinzipen der Natur zu überraschenden Lösungen führt. Mit diesem Anspruch ist das WOIS-Systemmodell entstanden[12] (siehe Abbildung 69).

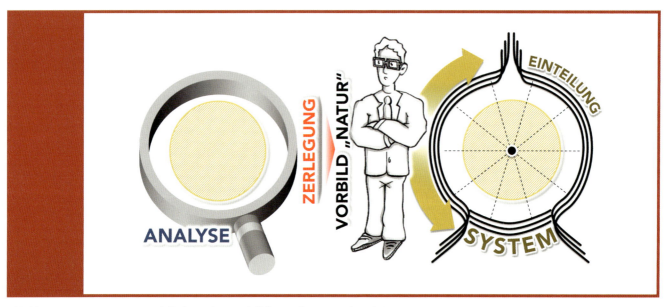

Abbildung 69: WOIS-Systemmodell als Analysemodell für Strukturen und Funktionen   *Quelle: Eigene Darstellung*

Bereits Decartes hat festgestellt, dass sich zur Analyse komplexer Systeme eine Zerlegung in Teilsysteme empfiehlt.[13] Die systematische Verschiebung von Leistungsgrenzen aktueller Entwicklungsstände erfordert ein Modell, das

- eine generische Struktur aufweist: Denn wenn es um Innovationen geht, geht es um Entwicklungen aller Facetten und vor allem um die systematische Wahrnehmbarkeit bisheriger Entwicklungslücken. Denn am schwierigsten ist es nicht, das zu erkennen, was Schwächen hat, sondern das, was noch nicht existiert.
- Aussagen über den Entwicklungsstand der Einzelteile des Systems zulässt: Denn für Entwickler wäre es vorteilhaft, die nächste Entwicklungsstufe benennen zu können, noch bevor diese konkret spezifiziert wurde.

Um das WOIS-Systemmodell zu verstehen, hilft folgende Analogie zum menschlichen Organismus (siehe Abbildung 70)[14]:

Milliarden von Zellen bilden unseren Körper. Die Zelle ist die kleinste, lebensfähige Bau- und Funktionseinheit des Organismus. Dieser Grundbaustein enthält bereits alle wichtigen Struktureinheiten und grundsätzlichen Lebensfunktionen, wie Stoffwechselleistungen, Reizbarkeit und Reizbeantwortung, Bewegung, Reproduktion oder Reduplikation. Menschli-

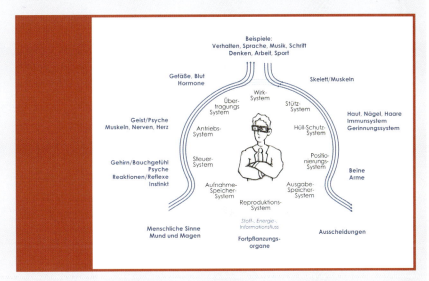

Abbildung 70: WOIS-Systemmodell am Beispiel des Menschen *Quelle: Eigene Darstellung*

che und tierische Zellen haben eine Größe von 20 bis 30 Mikrometern. Den Zellorganellen, den kleinsten Organen, werden die einzelnen Funktionen zugeordnet. Die Zellen bilden Zellverbände. Die Zellverbände gleichartig differenzierter Zellen und ihrer Abkömmlinge nennen wir Gewebe, mehrere Gewebe vereinigen sich zu Organen mit gesetzmäßig aufgebauten Formen oder Strukturen und haben eine bestimmte Funktion. Organe mit gleichgerichteter Funktion fassen wir als Organsystem zusammen. Sie vereinigen in sich physiologische, morphologische und entwicklungsgeschichtliche Gesichtspunkte. Eine Zelle, die undifferenziert und unbegrenzt teilungsfähig ist, aber gewebespezifisch determiniert, ist die Stammzelle. Sie ist heute die wichtigste Zelle für alle regenerationsfähigen Gewebe des Erwachsenen und durch Differenzierung das Ausgangsmaterial für die embryonale Organentwicklung.

Ein solches kleines, lebensfähiges, entwicklungspotentes Teilsystem, das die Evolution bestimmt hat, lässt es zu, dass es mit den Gesetzmäßigkeiten der Höherentwicklung genutzt werden kann. Es kann sogar auf den ganzen Menschen, seine Beziehungen zu anderen Menschen und Lebewesen, zur Technik und Umwelt insgesamt übertragen werden, um daraus zu lernen, dem Geist der Evolution zu folgen und die Prozesse zu erkennen, zu durchdenken und neue Überlegungen hinzuzufügen, sie als Impulsgeber für kreative Prozesse zu nutzen. Auf dieser Basis wurde ein Systemmodell des menschlichen Organismus erstellt, das als Analysegrundlage für alle Strukturen angewendet werden kann.

Dieses Systemmodell gliedert sich in zehn konkrete Teilsysteme (siehe Abbildung 70). Das Modell beinhaltet einen Aufnahmemodus für Stoffe (Nahrung), für Informationen aller Art in das **Aufnahme-Speicher-System** zur Weitergabe in ein fließendes System (Energie-, Stoff-, Informationsfluss) sowie ein **Reproduktionssystem** (Fortpflanzung). Dem Aufnahme-Speicher-System steht das Speicher-Ausgabe-System gegenüber mit Stoffausgabe (Ausscheidungen), Informationsausgabe (Verhalten, Sprache, Musik, Schrift) und Energieausgabe (Denken, Arbeit, Sport). Dazwischen liegen – unter dem Energie-Aspekt betrachtet – Systeme wie das **Steuerungssystem** (Reflexe, Instinkt, Gefühle), das **Antriebssystem** mit Geist, Psyche, Muskeln und Nerven, das **Übertragungssystem** mit Gefäßen, Blut und Hormonen, das **Stützsystem** mit Skelett und Muskulatur, das **Hüll- und Schutzsystem** mit Haut, Haaren, Nägeln, Immun- und Gerinnungssystem sowie das **Positionierungssystem** mit Armen und Beinen. In einem **Wirksystem** findet das Ganze schließlich seinen gemeinsamen Ausdruck in seiner Höherentwicklung.

Die Relationen der einzelnen Teilsysteme zueinander können abgewogen werden und sind Gegenstand von Diskussionen. Dieses organische Funktionsmodell als Lebens- und Entwicklungsmodell gestattet, alle Teilsysteme kritisch einzuordnen, an die jeweiligen praktischen gesellschaftlichen Bedingungen anzupassen, das heißt, auch in Bezug auf die betriebliche Praxis zu analysieren, und bei der Gestaltung von Organisationsstrukturen, Dienstleistungen, Sozialstrukturen auch für deren Höherentwicklung als strategisches Mittel anzuwenden.

Sich in eine bewährte, lebende Struktur hineinzuversetzen, aber auch deren Abhängigkeiten und Gegensätzlichkeiten zu prüfen, ist wertvoll und regt unser eigenes Denken an.

Das Modell kann auch dabei unterstützen, die Schlüsselfrage zu beantworten: Wann ist ein System vollständig? Aus Sicht des Systemmodells wäre eine Struktur dann vollständig, wenn alle Teilsysteme, aus denen Lebewesen aufgebaut sind, auch in dem zu analysierenden System wiederzufinden sind. Um den Entwicklungsstand der Teilsysteme beurteilen zu können, werden in diesem Modell Gesetzmäßigkeiten der Höherentwicklung genutzt. Mit Hilfe dieser Gesetzmäßigkeiten können Zukunftsprognosen nicht nur auf einer subjektiven Evaluation beruhend, sondern mit erhöhter Argumentations- und Prognosesicherheit getroffen werden.

Abgeleitet aus dem „Bauplan der Natur" für hochentwickelte, autark funktionierende Systeme wurde das WOIS-Systemmodell in Zusammenarbeit mit Stoffwechselexperten entwickelt.[15] Dieses Modell kann als Analysegrundlage für alle Strukturen, Systeme, Produkte, Organisationen und Unternehmen sowie für deren Weiterentwicklung genutzt werden.

Fazit: Die Kombination einer allgemeingültigen Analysestruktur mit strategischen Orientierungsmitteln übertrifft die Anregungskraft herkömmlicher Vorgehensweisen deutlich. Durch die differenzierten Perspektiven werden „orientiertes Querdenken" herausgefordert und Entwicklungslücken systematisch erkennbar gemacht.

Beispiel: Leifheit

Dass überraschende Innovationssprünge auch in scheinbar extrem ausgereizten Situationen möglich sind, zeigt das folgende einfach nachvollziehbare Beispiel: Das Prinzip der Wäschespinne wurde 1923 durch Frederick Faibourn in England zum Patent angemeldet.[16] Seit 1947 werden Wäschespinnen industriell hergestellt. Das bedeutet gleichzeitig, dass seit über 70 Jahren weltweit Entwicklungsteams an der kontinuierlichen Verbesserung dieser Produkte arbeiten. Obwohl all diese Teams nach Differenzierung streben, sind die heute im Markt befindlichen Produkte im Wesentlichen vergleichbar. Gerade unter diesen Umständen ist es bemerkenswert, wie es Leifheit trotzdem geschafft hat, sich über Jahre hinweg eine Premiumpositionierung im europäischen Markt zu sichern.

Bevor Sie weiterlesen, würden wir Sie dazu einladen, ein kurzes Gedankenexperiment durchzuführen. Fragen Sie sich selbst, welche spontanen Verbesserungsansätze Sie für Wäschespinnen sehen.

Leifheit ist es mit einem Patent aus dem Jahr 1995[17] gelungen, sich ein für den Kunden bedeutendes und plakativ nachvollziehbares Alleinstellungsmerkmal zu sichern. Das Problem war bis dato, dass verschmutzte Wäscheleinen auf weißer Wäsche zu Streifen führen. Moderne Leifheit-Wäschespinnen halten im zusammengeklappten Zustand die Wäscheleinen sauber. Doch jeder Patentschutz ist zeitlich befristet. Deshalb war es die strategische Entscheidung von Leifheit, sich frühzeitig um die Zukunft des Produkts Wäschespinne Gedanken zu machen. In einem derart hart umkämpften Wettbewerbsumfeld wäre es fahrlässig, sich ausschließlich auf individuelle Kreativität zu verlassen. Daher hat sich Leifheit entschieden, mehrere Studentengruppen der WOIS Innovation School parallel mit der strategischen Bearbeitung der Fragestellung nach „Zukunftspotentialen für Wäschespinnen" zu beauftragen. Das Vorgehen der Gruppen folgte dem Prinzip, zunächst im Rahmen einer Bedarfsrecherche unterschiedliche Nutzungsbedingungen zu untersuchen. Daraus folgten ungewöhnliche Fragestellungen, die im Rahmen von Detailanalysen zu konkreten Ansätzen ausgearbeitet wurden. Wie funktioniert Wäschetrocknen in Megacitys? Wie geht Wäschetrocknen im Ein-Zimmer-Single-Apartment? Und wie bei Villenbesitzern? Wie kann ungewöhnliches Wäscheaufkommen gehandhabt werden? Was ist mit Familienfeiern oder Fußballvereinen? Unterschiedliche Lebensumfelder führen zu grundsätzlich andersartigen Gewohnheiten und Anforderungsprofilen.

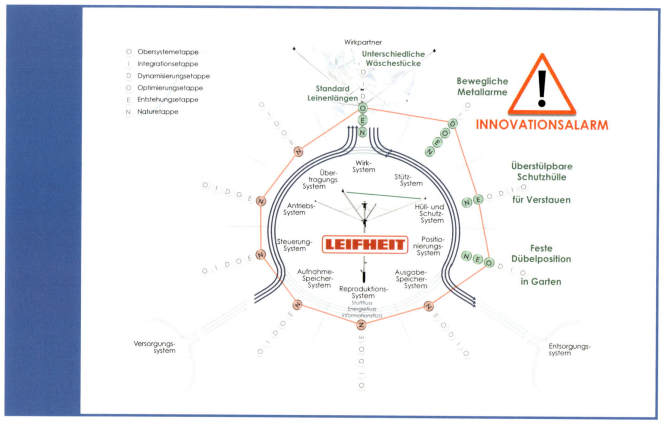

Abbildung 71: WOIS-Systemmodell am Beispiel der Leifheit-Wäschespinne

Quelle: Eigene Darstellung in Anlehnung an Leifheit

Werden diese Erfahrungen an den heute vergleichbaren im Markt befindlichen Wäschespinnen reflektiert, so gibt es kaum eine Komponente, die im Sinne der Muster der Höherentwicklung nicht hochverdächtig erscheint (siehe Entwicklungsetappen in Abbildung 70). Es herrscht Innovationsalarm! Bei allen gedanklichen Ansätzen steht ein Team vor der Herausforderung, wie die Arbeit im Detail strukturiert werden kann. Die Nutzung des WOIS-Systemmodells in Verbindung mit den Etappen der Höherentwicklung wirkt wie ein Rasterscan nach Innovationspotentialen (siehe Abbildung 71).

Ein Beispiel ist das Wirksystem, die Wäscheleine: In diesem Fall ist es verdächtig, dass bei aller Unterschiedlichkeit der Wäschestücke die Wäscheleine immer gleich ist. Ob groß, ob klein, ob robust oder hochempfindlich, ob schwer oder leicht, die Leine macht keinen Unterschied. Heute gibt es den „Easyclip Linomatic" von Leifheit:

> „Der praktische Kleinteilehalter wird an einem der vier Arme befestigt und stört auch beim Zusammenklappen des Schirms nicht. Er bietet Platz für bis zu 38 Kleinteile wie Socken, Unterhosen oder BHs, die sich ohne Wäscheklammern schnell und einfach befestigen lassen. Dazu kommen acht Ösen für das windsichere Aufhängen von Kleiderbügeln."[8]

Auch das Hüllsystem einer Wäschespinne weist Potential auf: In der Vergangenheit war das Hüllsystem optimiert auf den Zustand der verschlossenen Leine. Kann das Hüllsystem nicht auch einen aktiven Beitrag während der Nutzungsphase leisten? Durchaus ja! Buntwäsche muss vor UV-Strahlung geschützt werden. Jede Wäsche muss vor Verschmutzung durch Vögel geschützt werden. Zudem ist der Einsatz von Wäschespinnen aufgrund von Witterungseinflüssen in Zentraleuropa auf Sonnentage beschränkt. Entsprechend geschützt, lassen sich Wäschespinnen auch bei weniger stabilen Witterungsbedingungen nutzen. Das spielt gerade für Familien mit zwei berufstätigen Elternteilen eine große Rolle. Die Antwort auf all diese Punkte ist „Linoprotect" von Leifheit: Dieses Dach bietet einen dynamischen Schutz sowohl im geschlossenen Zustand als auch für die Phase der Nutzung.

Analog wurden auch für die weiteren acht Teilsysteme systematisch Innovationspotentiale herausgefordert. Das Projekt hatte für Leifheit ein Portfolio aus zahlreichen internationalen Schutzrechten zum Ergebnis. Damit hat die Marke das Potential, sich über Jahre hinweg immer wieder mit neuen Argumenten innovativ zu positionieren und sich die Exklusivität zu sichern.

Online-Vertiefung
Wie Sie systematisch Innovationspotentiale bei Ihren Produkten und Leistungen identifizieren und umsetzen können, erfahren Sie auf:
www.wois-innovation.de/Systemmodell

7.5 Wie Zukunft ausgestalten? Durch Innovationsstrategie

Tiefgreifender Wandel geht oftmals mit Paradigmenwechseln einher. Grundlegend Neues schreckt häufig ab, da der Erfolg ungewiss ist und das Potential nicht logisch begründet werden kann. Darüber hinaus reicht die eigene Kompetenz für die Erschließung des neuen Feldes nicht aus. Deshalb fallen Teams nicht selten in vertraute Denk- und Handelsweisen zurück. Das Tagesgeschäft erscheint greifbarer und hat direkte Auswirkungen auf den aktuellen Cashflow. Neue Perspektiven entstehen in der Regel zunächst in den Köpfen von einzelnen Personen, unabhängig davon, wie stark die Teamarbeit ausgeprägt ist. Die große Herausforderung besteht darin, diese wertvollen und noch unausgereiften Gedanken mit Teammitgliedern zu diskutieren und weiterzuentwickeln.

Hintergrund ist: In nahezu jedem existenten Ansatz steckt umfangreiches Know-how aller Marktteilnehmer. Neu entwickelte Denkansätze können per Definition dieses umfassende Wissen noch nicht vollständig integriert haben. Interdisziplinäre Arbeit unterstützt einerseits, rudimentär entwickelte Ansätze zu vervollständigen. Andererseits provoziert sie systematisch Konflikte, deren Ursprung in der Andersartigkeit von Denkweisen, Argumentationsmodellen und divergenten Sprachen unterschiedlicher Diszipli-

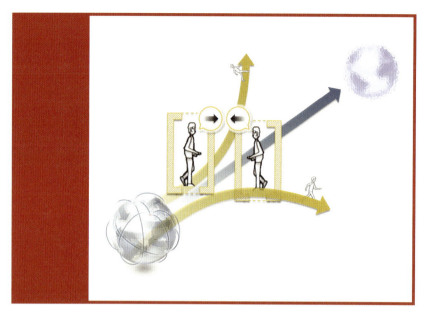

Abbildung 72: Die fehlende Konvergenz in der Zukunftsdiskussion
Quelle: Eigene Darstellung

nen liegt (siehe Abbildung 72). Aus diesem Grund ist die Nutzung von Kreativitätstechniken im Rahmen von Entwicklungsprojekten keine ausreichende Basis für Zukunftsfähigkeit. Ziel ist, eine gemeinsame, neue Logik als Keimzelle für potentialreiche Geschäftsmodelle zu etablieren (siehe blauer Zukunftspfeil in Abbildung 72).

Prozesse, die eine Vielzahl von Ideen anstreben, sind hier nicht zielführend. Es wird der neue Kern benötigt, der den Ursprung für die Zukunftsroadmap darstellt (siehe Abbildung 73). Aus diesem Kristallisationspunkt muss die Innovationsroadmap, angereichert um zielgerichtete Ideen, entstehen. Dabei sollten Einzelaktivitäten entsprechend des zeitlichen Verlaufes auf den zu erreichenden Leuchtturm hin synchronisiert und die einzelnen Aktivitäten innerhalb eines Zeithorizontes aufeinander abgestimmt werden. Hier besteht die Herausforderung darin, auch Aktivitäten zu verfolgen, die — isoliert betrachtet — scheinbar keinen großen Wertbeitrag liefern. Es gibt immer wieder Elemente in Geschäftsmodellen, die erst in Verbindung mit anderen Ansätzen für die Zukunftsfähigkeit des gesamten Systems ausschlaggebend werden. Auch ein Mosaik wird mit dem Hinzufügen des letzten Bausteins erst zu einem vollständigen Kunstwerk. Wenn einer dieser Bausteine fehlt bzw. inkonsequent umgesetzt wird, kann das gesamte Geschäftsmodell scheitern.

Hieraus ergibt sich die Frage, wie Veränderungsbereitschaft und -fähigkeit kultiviert werden können. Es bedarf einer neuen Qualität von Argumentations- und Prognosefähigkeit und deren Übertragung in eine offensive Innovationskultur. Kompetenzübergreifend und unter einer gemeinsamen Beziehungskultur können Kreativitätstechniken mit systematischen Denktechnologien zu einer zukunftsorientierten Geisteshaltung vereint werden.

Der Schlüssel für Unternehmenserfolg ist das Zusammenwirken von Menschen mit ihren differenzierten Kompetenzen unter einer gemeinsamen Vision. Für Richtungsentscheidungen muss es Unternehmen gelingen, das Wissen und die Erfahrung von Mitarbeitern aller Verantwortungsbereiche zu fokussieren (siehe Abbildung 72). So können gemeinsam getragene Visionen entstehen. Werden dabei die Entwicklungsgrundbedingungen nicht alle gleichzeitig erfüllt, führen Höherentwicklungsprozesse zu Ansätzen, die das erreichbare Potential nicht ausschöpfen.

In der Regel gibt die Leitungsebene eines Unternehmens Wachstumsziele vor. Zur Zielerreichung sollen dabei oftmals die Produkte und Serviceangebote weiterentwickelt werden. Jedoch reicht diese Sicht allein nicht aus, um die Zukunft einer Organisation sicherstellen zu können. Mögliche Chancen und Bedrohungen sind zu vielschichtig geworden. Zukünftige Ziele sind immer das Ergebnis einer Neuorientierung. Erst das Verständnis des zukünftigen Geschäftsmodells erlaubt, die notwendige Anpassung des gesamten heutigen Geschäftsmodells in ihrer Wechselwirkung zu erkennen. Um Innovationen zu realisieren, bedarf es der Transformation aller Unternehmensaktivitäten, „Frontleveling" genannt (siehe die mittlere, gelb hinterlegte Spiralenwindung, die die einzelnen Unternehmensaktivitäten miteinander verbindet in Abbildung 73). Wird ein Bereich der Wertschöpfungskette bedeutend verändert, sind die Facetten des Geschäftsmodells nicht mehr im Einklang. Damit entstehen Schieflagen, ohne deren Lösung das Potential des neuen Innovationsansatzes nicht erschlossen werden kann. Jede signifikante Veränderung in einer Perspektive erreicht nur dann die maximal mögliche Wirkung, wenn gleichzeitig alle anderen Innovationssäulen innerhalb der Wertschöpfungskette synchron angepasst werden. Es sind häufig kleine Facetten, die es erlauben, nichtlinear positive Entwicklungen zu entfesseln. Ziel ist es, die zukünftigen Aktivitäten in den Bereichen Ressourcen, Organisation, Leistungsangebot, Märkte und Wertschöpfung so miteinander zu synchronisieren, dass eine maximale Wirkung der individuellen Einzelmaßnahmen für kurz-, mittel- und langfristige Zeithorizonte für das Unternehmen entstehen kann.

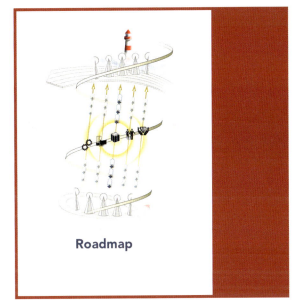

Abbildung 73: WOIS-Innovationsroadmap
Quelle: Eigene Darstellung

Fazit: Erfolgreiches Navigieren von Unternehmen aus diffusen Spannungsfeldern der Gegenwart in die Zukunft erfordert mehr Orientierung in den frühen Gestaltungsphasen von Geschäftsmodellen. Ziel ist es, frühzeitig zukunftsfähige Richtungen erkennen und argumentieren zu können. Der stetige Wandel von Rahmenbedingungen liefert Chancen zur Veränderung.

Die Widerspruchsorientierte Innovationsstrategie (WOIS) unterstützt dabei, zukünftige Barrieren frühzeitig in Form von Widersprüchen bewusst zu provozieren. Es gilt, Widersprüche als Chance für innovative Abkürzungen zu nutzen. Das Widerspruchsmodell von WOIS zeigt eine offensive Denktechnologie auf, die systematisch und gezielt die Erarbeitung von Innovationen unterstützt. Isolierte Sichten auf neue Geschäftsmodelle allein reichen nicht aus. Nur ein „Frontleveling" für Innovationen kann umfassende Synthesen aus allen relevanten Perspektiven für ein neues, tragfähiges Geschäftsmodell absichern.

Lassen Sie sich als Innovator/-in vor dem Aufbruch in Ihre Zukunft von dem WOIS-Video „Innovationsprozess" inspirieren (siehe Abbildung 74).

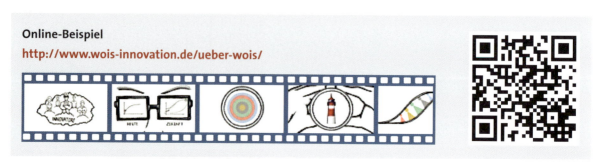

Abbildung 74: WOIS-Video „Innovationsprozess" — Quelle: Eigene Darstellung

**An die Evolutionsbeeinflusser und Zukunftsgestalter:
Viel Erfolg bei der Gestaltung neuer Freiheitsgrade und Ihrer Zukunft!**

Endnoten

Anmerkungen zu Kapitel 2

1. Christensen, Anthony & Roth, 2004.
2. Bhan, 2015; A.T. Kearney, 2013, S. 19.
3. Braungart & McDonough, 2008, S. 7, 22.
4. Bar-Yosef, 2014.
5. Pietschmann, 2009, S. 81, 107.
6. Furr, 2011.
7. Foster & Kaplan, 2001, S. 7.
8. Hamberger & Pietschmann, 2015, S. 48.
9. Pietschmann, 2017.
10. Pietschmann, 2002.
11. Hamberger & Pietschmann, 2015, S. 48f.
12. Pietschmann, 2017.
13. Pietschmann, 2017.
14. Pietschmann, 2017.
15. Nietzsche, 1899, S. 76.
16. Hamberger & Pietschmann, 2015, S. 116.
17. Hamberger & Pietschmann, 2015, S. 116.
18. Pietschmann, 2017.
19. Pietschmann, 2000, S. 10 – 11.
20. Pietschmann, 2009, S. 83 f.
21. Schmid, 2008, S. 22.
22. Schmid, 2008, S. 103 f.
23. Schmid, 2008, S. 105.
24. vgl. Johnson, 2010, S. 158.
25. vgl. Vittoratos & Schüler, 2012.
26. vgl. IT Times, 2007.
27. vgl. O'Brien, 2010.
28. Schmidt & Cohen, 2013.
29. vgl. Schmid, 2008, S. 14.
30. vgl. Schmid, 2008, S. 14.
31. vgl. Schmid, 2008, S. 19.
32. Schmid, 2008, S. 22.
33. vgl. Schmid, 2008, S. 20.
34. vgl. Schmid, 2008, S. 27.
35. vgl. Schmid, 2008, S. 34, 43 f.
36. vgl. Schmid, 2008, S. 92.
37. vgl. Schmid, 2008, S. 87.
38. Schmid, 2008, S. 94.
39. vgl. Schmid, 2008, S. 103 ff.
40. Schmid, 2008, S. 103.
41. Schmid, 2008, S. 103 f.
42. Schmid, 2008, S. 103.
43. vgl. Schmid, 2008, S. 104 f.
44. Schmid, 2008, S. 115.
45. Schmid, 2008, S. 118.
46. Leimbach, 2010, S. 72.
47. Moore, 1965, S. 114 f.
48. Erdmann, 2011, S. 29 ff.
49. Haigh, 2006, S. 1, 7, 9, 20.
50. vgl. Schmid, 2008, S. 104.
51. Schmid, 2008, S. 104.
52. Schmid, 2008, S. 104.
53. Bülow, 2009.
54. vgl. Schmid, 2008, S. 105.
55. Leimbach, 2010, S. 78.
56. vgl. Schmid, 2008, S. 132.
57. Schmid, 2008, S. 130.
58. Schmid, 2008, S. 134.
59. Schmid, 2008, S. 139.
60. Schmid, 2008, S. 139.
61. Färber, 1999, S. 1 – 3.
62. vgl. Schmid, 2008, S. 146.
63. Schmid, 2008, S. 146 ff.
64. vgl. Schmid, 2008, S. 147.
65. vgl. Schmid, 2008, S. 150.
66. Mounier-Kuhn & Chatlin, 1990; Tomash, 1990.
67. Bartimo & McCarthy, 1985, S. 15 – 17.
68. Kraemer, 2001.
69. vgl. Schmid, 2008, S. 151.
70. vgl. Schmid, 2008, S. 151.
71. Ludwig, 1983.
72. vgl. Schmid, 2008, S. 158.
73. vgl. Schmid, 2008, S. 158.
74. Schmid, 2008, S. 168.
75. Schmid, 2008, S. 197 – 201.
76. vgl. Darwin, 1867, S. 83.
77. Herr, 2016, S. 8 – 17.
78. Darwin, 1867, S. 83.
79. Weick, 1969; Weick, 1985, S. 163 f.; Glassmann, 1973, S. 83 f.; Luhmann, 2011, S. 374 f.

Anmerkungen zu Kapitel 3

1 Schopenhauer, 1851, S. 93.
2 Welsch, 2010, S. 45.
3 Kuhn, 2012.
4 vgl. Hamberger & Pietschmann, 2015.
5 Linde, 1988, S. 84.
6 Linde, 1988, S. 84.
7 Bäck, 2014, S. 5, 19 – 21.
8 Linde, 2005, S. 35 f.
9 Linde, 1988, S. 15.
10 Linde, 1988, S. 87.
11 Linde, 1988, S. 87.
12 vgl. Werner & Dellbrügger, 2013, S. 100.
13 vgl. Schombert, 2004.
14 Braungart & McDonough, 2008, S. 7, 22.
15 Linde, 1988, S. 113 – 116.
16 Ashby, 1947, S. 125 f.; Nicolis & Prigogine, 1977, S. 429 – 447; Maturana & Varela, 2009, S. 60; Luhmann & Baecker, 2011, S. 101 ff.
17 Linde, 1988, S. 113 – 116.
18 Altschuller, 1973, S. 72.
19 Schombert, 2004.
20 Altschuller, 1984, S. 126; Reichel, 1984, S. 90 – 92.

Anmerkungen zu Kapitel 4

1 Nietzsche, 2015, S. 66 f.
2 Neubeiser, 1993, S. 44.
3 Sutton, 2010.
4 Werner & Dellbrügger, 2013, S. 100.
5 vgl. Malik, 2015, S. 161.
6 de Bono, 1971, S. 12 – 13.
7 de Bono, 1971, S. 15 f.
8 Koestler, 1964, S. 42 f.; Plassmann & Schmitt, 2007
9 Plassmann & Schmitt, 2013, S. 187 – 209.
10 de Bono, 1971, S. 30 – 35.
11 de Bono, 1971, S. 33 – 37.
12 Beyer & Beyer, 1994, S. 23, 128.
13 de Bono, 1971, S. 15 f., 27.
14 Linde, 2005; Linde & Herr, 2009.
15 de Bono, 1971, S. 52 f.
16 Linde, 1988, S. 65.
17 Fuller, 1988, S. 3 – 6.
18 Beyer & Beyer, 1994, S. 29.
19 Wikipedia, 2017.
20 vgl. Wikipedia, 2017.
21 Maturana & Varela, 2009, S. 148.
22 Linde, 1988, S. 16.
23 Linde & Herr, 2009, S. 2 f.
24 Kuhn, 2012.
25 Herr, 2015, S. 8 – 11.
26 Quelle unbekannt.
27 Watkins, 2013, S. 5 – 9, 102 – 107, 141 – 145; Hüther, 2009.
28 Watkins, 2013, S. 5 – 9, 102 – 107, 141 – 145; Hüther, 2009.
29 Watkins, 2013, S. 5 – 9, 102 – 107, 141 – 145; Hüther, 2009.
30 Neubeiser, 1993, S. 44.
31 Horx, 2011, S. 61 ff.
32 Reichel, 1984, S. 11 – 21, 31, 72, 78 – 80; Altschuller, 1984, S. 86 – 95.
33 Foster, 1986, S. 39; Arthur D. Little International, 1985, S. 12 ff., 52 ff.
34 Horx, 2011, S. 72.
35 Linde, 1988, S. 29; Fiedler, 1977, S. 121 ff., 162 ff.
36 Kim & Mauborgne, 2005, S. 73.

Anmerkungen zu Kapitel 5

1 Cooper, 2011, S. 101; Meyer, 2014, S. 15.
2 Cooper, 2011, S. 101.
3 Stephan, 2012, S. 254.
4 Osterwalder & Pigneur, 2011, S. 8 f.; Gassmann, Frankenberger & Csik, 2013, S. 3 ff.
5 Cooper, 2011, S. 29.
6 Cooper, 2011, S. 14.
7 Meyer, 2014, S. 14, 26.
8 Linde, 1988, S. 32; Altschuller, Altov & Shulyak, 1994, S. 32.
9 Prahalad & Bettis, 1986.
10 Kotter, 2012, S. 90 f.
11 Linde, 1988, S. 45; Reichel, 1984, S. 11 – 15; Eigen, 1971; Haken, 1981; Schrauber, 1981, S. 42.
12 Kotter, 2012, S. 46.

Anmerkungen zu Kapitel 6

1 Kotter, 2011, S. 3.
2 Kotter, 2011, S. 15.

3   Bieger & Reinhold, 2011, S. 32.
4   Pietschmann, 2002, S. 23.
5   Kotter, 2012, S. 29.
6   Cooper, 2011, S. 30, 97.
7   Eisenhower, 1954.
8   Kotter, 2012, S. 84.
9   Pietschmann, 2002, S. 46.
10 Hagen, 2011.
11 Maslow, 2000, S. 1–30.
12 Pink, 2009.
13 Hüther, 2009.
14 Bohnsack, Pinske & Kolk, 2014; Chesbrough & Rosenbloom, 2002; Morgan & Barden, 2015, S. 38.
15 Haanaes, 2015.

Anmerkungen zu Kapitel 7

1   Pietschmann, 2009.
2   vbw, 2009, S. 10–19.
3   Kaplan, 2012, S. XV.
4   Hamel & Prahalad, 1996.
5   Meyer, 2014, S. 14, 26.
6   Kotter, 2012, S. 24.
7   Linde, 1988, S. 27.
8   Linde, 1988, S. 32; Altschuller, Altov & Shulyak, 1994, S. 32.
9   Linde, 1988, S. 32; Altschuller, Altov & Shulyak, 1994, S. 32.
10 Linde, 1988, S. 32; Altschuller, Altov & Shulyak, 1994, S. 32; Reichel, 1984, S. 11–21, 31, 72, 78–80.
11 Diamandis & Kotler, 2015, S. 111 f.
12 Müller, 1990, S. 6, 7; Miller, 1978, S. 3; Hennig, 1976.
13 Kanterian, 2004, S. 13.
14 Schunk, 2017.
15 Schunk, 2017.
16 Faibourn, 1924.
17 Ohm & Leifheit Aktiengesellschaft, 1995.
18 www.leifheit.de/produkt/details/zubehoer-easyclip-fuer-waescheschirme-linomatic.html.

Literaturverzeichnis

Altschuller, G. (1973): Erfinden – (k)ein Problem? Berlin: Verlag Tribüne.

Altschuller, G. (1984): Erfinden – Wege zur Lösung technischer Probleme. Berlin: Verlag Technik.

Altschuller, G., Altov, H., Shulyak, L. (1994): And suddenly the inventor appeared: TRIZ, the Theory of Inventive Problem Solving. Worcester, MA.: Technical Innovation Center Inc.

Arthur D. Little International (1985): Management im Zeitalter der strategischen Führung. Wiesbaden: Gabler Verlag.

Ashby, W. (1947): Principles of the Self-Organizing Dynamic System. In: Journal of General Psychology, S. 37.

A.T. Kearney (2013): GSMA Wirless Intelligence: The Mobile Economy 2013. A. T. Kearney, London.

Bäck, A. (2014): Aristotle's Theory of Abstraction (Bd. 73). Cham, Heidelberg, New York, Dordrecht, London: Springer International Publishing Switzerland.

Bartimo, J., McCarthy, M. (1985): Is Apple's Laserwriter On Target? In: InfoWorld, 7 (6), S. 15 – 17.

Bar-Yosef, A. (2014): An Athlete uses physics to shatter world records. http://ed.ted.com/lessons/an-athlete-uses-physics-to-shatter-world-records-asaf-bar-yosef (abgerufen am 20. April 2017).

Beyer, G., Beyer, M. (1994): Innovations- und Ideenmanagement: Vergessen Sie Ihre alten Erfolge, es fängt alles wieder bei Null an. Düsseldorf, Wien, New York, Moskau: ECON Verlag.

Bhan, N. (2015): Introducing The Global Prepaid Economy, http://nitibhan.com/2015/08/10/an-introduction-to-the-global-prepaid-economy/ (abgerufen am 23. Februar 2016).

Bieger, T., Reinhold, S. (2011): Das wertbasierte Geschäftsmodell – ein aktualisierter Strukturansatz. In: Bieger, T., zu Knyphausen-Aufseß, D., Krys, C.: Konzeptionelle Grundlagen, Gestaltungsfelder und unternehmerische Praxis. Berlin: Springer Verlag, S. 13 – 70.

Bohnsack, R., Pinske, J., Kolk, A. (2014): Business Models for Sustainable Technologies: Exploring Business Model Evolution in the Case of Electric Vehicles. In: Research Policy, Jg. 43 (2), S. 284 – 300.

Braungart, M., McDonough, W. (2008): Die nächste Industrielle Revolution. Hamburg: Europäische Verlagsanstalt.

Bülow, R. (2009): Auf den Spuren der deutschen Computermaus. http://www.heise.de/newsticker/meldung/Auf-den-Spuren-der-deutschen-Computermaus-216255.html (abgerufen am 3. Februar 2016).

Chesbrough, H., Rosenbloom, R. S. (2002): The Role of the Business Model in Capturing Value from Innovation: Evidence from Xerox Corporation's Technology Spin-Off Companies. In: Industrial and Corporate Change, Jg. 43 (2), S. 529 – 555.

Christensen, C. M., Anthony, S. D., Roth, E. A. (2004): Seeing what's next. Boston: Harvard Business Press.

Cooper, R. G. (2011): Winning at new products. New York: Basic books (4th edition).

Darwin, C. (1867): Über die Entstehung der Arten durch begünstigte Zuchtwahl oder die Erhaltung der begünstigten Rassen im Kampfe um's Dasein. Stuttgart: E. Schweizerbart'sche Verlagshandlung und Druckerei (3. Auflage).

de Bono, E. (1971): Laterales Denken. Ein Kurs zur Erschließung Ihrer Kreativitätsreserven. Reinbeck bei Hamburg: Rowohlt Verlag.

de Bono, E. (1989): Das Sechsfarben-Denken: Ein neues Trainingsmodell. Düsseldorf: Econ-Taschenbuch-Verlag.

Diamandis, P. H., Kotler, S. (2015): Bold: How to Go Big, Create Wealth and Impact the World. New York: Simon & Schuster.

Eigen, H. (1971): Self-organization of Matter and the Evolution of Biological Macromolecules. In: Naturwissenschaften, 58, S. 465 – 523.

Eisenhower, D. D. (1954): Remarks at the Annual Conference of the Society for Personnel Administration. https://www.eisenhower.archives.gov/all_about_ike/quotes.html (abgerufen am 5. Mai 2017).

Erdmann, C. (2011): „One more thing": Apples Erfolgsgeschichte vom Apple I bis zum iPad (Apple Gadgets und OS). München: Addison-Wesley Verlag (1. Auflage).

Färber, G. (1999): Mikroprozessoren, Vorlesungsskript SS '98. TU München, Lehrstuhl für Prozessrechner, Fakultät für Elektrotechnik und Informationstechnik. München: TU München.

Faibourn, F. (1924): Patentnr. GB225711. GB.

Fiedler, F. (1977). Dialektischer und historischer Materialismus: Lehrbuch für das marxistisch-leninistische Grundlagenstudium. Berlin: Dietz Verlag (4. Auflage).

Foster, R. N. (1986): Innovation. New York: Summit Books.

Foster, R. N., Kaplan, S. (2001): Creative Destruction: From "Built to Last" to "Built to Perform". London: Pearson Education Limited.

Fuller, B. (1988): Every Child Is Born a Genius. In: Children's Literature, Volume 9. The Johns Hopkins University Press.

Furr, N. (2011). Big Business ... The End is Near: Why 70% of the Fortune 1000 Will Be Replaced in a Few Years. http://www.forbes.com/sites/nathanfurr/2011/04/21/big-business-the-end-is-near/#63d67a9874fb (abgerufen am 23. Februar 2016).

Gassmann, O., Frankenberger, K., Csik, M. (2013): Geschäftsmodelle entwickeln: 55 innovative Konzepte mit dem St. Galler Business Model Navigator. München: Carl Hanser Verlag.

Glassmann, R. B. (1973): Persistance and Loose Coupling in Living Systems. In: Behavioral Science, 18 (2), S. 83 – 98.

Hüther, G. (2009): Gelassenheit hilft – Anregungen für Hirnbenutzer. Vortrag auf dem Know-How-Kongress am 23. September 2009. https://www.youtube.com/watch?v=MA8KJge3HDg (abgerufen am 3. Mai 2017).

Haanaes, K. (Juni 2015): Two reasons companies fail – and how to avoid them. https://www.ted.com/talks/knut_haanaes_two_reasons_companies_fail_and_how_to_avoid_them (abgerufen am 16. Mai 2017).

Haigh, T. (2006): Remembering the Office of the Future: The Origins of Word Processing and Office Automation. In: IEEE Annals of the History of Computing, 28 (4).

Haken, H. (1981): Synergetik: Nichtgleichgewichte, Phasenübergänge und Selbstorganisation. In: Naturwissenschaften, 68, S. 293–299.

Hamberger, E., Pietschmann, H. (2015): Quantenphysik und Kommunikationswissenschaft. Freiburg/ München: Karl Alber.

Hamel, G., Prahalad, C. (1996): Competing for the future. Boston, Massachusetts: Harvard Business School Press.

Hennig, J. (1976): Ein Beitrag zur Methodik der Verarbeitungsmaschinenlehre. TU Dresden Diss. B.

Herr, G. (2015): Die Unlogik ist die Logik von Innovation: Wie Unternehmen durch anderes Denken zukunftsfähig werden. In: Innovation Management Support (1).

Herr, G. (2016): Innovation Excellence: Zukunftsfähigkeit erfordert Widerspruchslösungen – Innovation Leadership vs. Operational Excellence. In: Innovation Management Support (2).

Horx, M. (2011): Das Megatrend Prinzip. München: Deutsche Verlags-Anstalt.

IT Times (2007): Deutschland liegt beim Internethandel zurück. http://www.it-times.de/news/deutschland-liegt-beim-internethandel-zurueck-3538/ (abgerufen am 23. Februar 2016).

Johnson, M. W. (2010): Seizing the white Space – Business Model Innovation for Growth and Renewal. Boston: Harvard Business Press.

Kanterian, E. (2004): Analytische Philosophie. Frankfurt: Campus Verlag.

Kaplan, S. (2012): The Business Model Innovation Factory: How to stay relevant when the world is changing. Hoboken, New Jersey: John Wiley & Sons, Inc.

Kim, C. W., Mauborgne, R. (2005): Der blaue Ozean als Strategie. München: Carl Hanser Verlag.

Koestler, A. (1964): The Act of Creation. London: Hutchinson of London.

Kotter, J. P. (2011): Leading Change: Wie Sie Ihr Unternehmen in acht Schritten erfolgreich verändern. München: Verlag Franz Vahlen.

Kotter, J. P. (2012): Leading Change. Boston: Harvard Business Review Press.

Kraemer, T. (2001): Printing enters the Jet Age. How today's computer printers came to eject microscopic dots with amazing precision. In: American Heritage of Invention & Technology, 16 (4), S. 18–27.

Kuhn, T. S. (2012): The Structure of Scientific Revolutions. 50th Anniversary Edition (Bd. Fourth Edition). Chicago and London: The University of Chicago Press.

Leimbach, T. (2010): Die Geschichte der Softwarebranche in Deutschland – Entwicklung und Anwendung von Informations- und Kommunikationstechnologie zwischen den 1950ern und heute. München: Universitätsbibliothek München.

Linde, H. (1988): Gesetzmäßigkeiten, methodische Mittel und Strategien zur Bestimmung von Entwicklungsaufgaben mit erfinderischer Zielsetzung. Dresden: TU Dresden.

Linde, H. (2005): Mastering Strategic Innovations: Innovationsführerschaft kontra Standortkrise: Innovation der Innovationsprozesse. 7. WOIS Innovations Symposium. Coburg: WOIS Innovation School, FH Coburg.

Linde, H., Herr, G. (2009): INNOWIS — Weltwettbewerb der Innovationsstrategien – Leadership durch Innovation der Innovationsprozesse – Wie Unternehmen Innovationen systematisch provozieren können. Proceeding Coburg Connecting Conference, 9. WOIS Innovations Symposium. Coburg.

Ludwig, K.-H. (1983): Chinesisch, getippt. Über 4000 Schriftzeichen und ein elektronisches Tinten-Düsenschreibwerk – Vorbote einer neuen kulturellen Revolution. http://www.zeit.de/1983/30/chinesisch-getippt (abgerufen am 23. Februar 2016)

Luhmann, N. (2011): Organisation und Entscheidung. Wiesbaden: VS Verlag für Sozialwissenschaften (3. Auflage).

Luhmann, N., Baecker, D. (2011): Einführung in die Systemtheorie. Heidelberg: Carl-Auer-Systeme Verlag (6. Auflage).

Müller, J. (1990): Arbeitsmethoden der Technikwissenschaften. Systematik, Heuristik, Kreativität. Berlin, Heidelberg: Springer-Verlag.

Malik, F. (2015): Strategie des Managements komplexer Systeme: Ein Beitrag zur Management-Kybernetik evolutionärer Systeme. Bern: Haupt Verlag.

Maslow, A. H. (2000): The Maslow Business Reader. John Wiley & Sons, Inc.

Maturana, H. R., Varela, F. J. (2009): Der Baum der Erkenntnis: Die biologischen Wurzeln menschlichen Erkennens. Fischer Taschenbuch (6. Auflage).

Meyer, J.-U. (2014): Innolytics(R): Innovationsmanagement weiter denken (Management Summary). Göttingen: BusinessVillage GmbH (1. Auflage).

Miller, J. G. (1978): Living Systems. New York: McGraw-Hill.

Moore, G. E. (1965): Cramming more components onto integrated circuits. In: Electronics, 38 (8), S. 114 – 117.

Morgan, A., Barden, M. (2015): A Beautiful Constraint: How to transform your limitations into advantages, and why it's everyone's business. Hoboken, New Jersey: John Wiley & Sons.

Mounier-Kuhn, P.-E., Chatlin, P. (1990): Deuxième Colloque sur l'Histoire de l'Informatique en France (Bd. 2). Paris: Conservatoire National des Arts et Métiers.

Neubeiser, M.-L. (1993): Die Logik des Genialen: Mit Intuition, Kreativität und Intelligenz Probleme lösen. Wiesbaden: Gabler.

Nicolis, G., Prigogine, I. (1977): Self-Organization in Nonequilibrium Systems. New York: Wiley.

Nietzsche, F. (1899): Der Fall Wagner — Götzen-Dämmerung — Nietzsche contra Wagner — Der Wille zur Macht (I. Buch: Der Antichrist) — Dichtungen. Leipzig: Druck und Verlag von C. G. Naumann.

Nietzsche, F. (2015): Ecce Homo: Wie man wird, was man ist. Berlin: elv Verlag (1. Auflage).

O'Brien, K. J. (2010): Nokia's New Chief Faces Culture of Complacency. http://www.nytimes.com/2010/09/27/technology/27nokia.html?_r=4&hp& (abgerufen am 3. Februar 2016).

Ohm, H. J., Leifheit Aktiengesellschaft. (1995): Patentnr. EP0514561 B1. Europa.

Osterwalder, A., Pigneur, Y. (2011): Business Model Generation: Ein Handbuch für Visionäre, Spielveränderer und Herausforderer. Frankfurt am Main: Campus Verlag.

Pietschmann, H. (2000): Philosophische Grundlagen einer Ganzheitsmedizin. In: Marktl, W., Stacher, A.: Ganzheitsmedizin in der Zukunft: Bericht des 1. Zukunftssymposiums der Wiener internationalen Akademie für Ganzheitsmedizin. Wien.

Pietschmann, H. (2002): Eris & Irene: Anleitung zum Umgang mit Widersprüchen und Konflikten. Wien: Ibera Verlag.

Pietschmann, H. (2009): Die Atomisierung der Gesellschaft. Wien: Ibera Verlag.

Pietschmann, H. (2017): Historischer Rückblick zum mechanistischen Denkrahmen. Interview mit Gunther Herr am 12. Juni 2017.

Pink, D. (2009): The puzzle of motivation. https://www.ted.com/talks/dan_pink_on_motivation (abgerufen am 3. Mai 2017).

Plassmann, A. A., Schmitt, G. (2007): Das Entwicklungsstufenmodell nach Piaget. Lern-Psychologie. Universität Duisburg-Essen. http://www.lern-psychologie.de/kognitiv/piaget.htm (abgerufen am 10. Mai 2017).

Plassmann, A. A., Schmitt, G. (2013): Surfaces and Essences: Analogy as the Fuel and Fire of Thinking. New York: Basic Books.

Prahalad, C., Bettis, R. A. (1986): The Dominant Logic: A New Linkage between Diversity and Performance. In: Strategic Management Journal, 7 (6), S. 485 – 501.

Reichel, R. (1984): Dialektisch-materialistische Gesetzmäßigkeiten der Technikevolution. Berlin: Urania.

Rosanoff, M. A. (1932): Edison in his laboratory. In: Harper's Monthly Magazine, S. 402-417.

Schmidt, E., Cohen, J. (2013): Die Vernetzung der Welt: Ein Blick in unsere Zukunft. Reinbek bei Hamburg: Rowohlt Verlag GmbH (1. Auflage, Heft 9).

Schmid, H.-J. (2008): Olympia und die Olympianer. Wilhelmshaven: Brune-Mettcker Druck- und Verlags-GmbH.

Schombert, J. (2004): Lecture 20, Relativity. Department of Physics, University of Oregon. http://abyss.uoregon.edu/~js/ast122/lectures/lec20.html (abgerufen am 9. Mai 2017).

Schopenhauer, A. (1851): Parerga und Paralipomena: Kleine Philosophische Schriften (Bd. 2). Berlin: A. W. Hayn.

Schrauber, H. (1981): Zur langfristigen Planung von Generationswechseln von Erzeugnissen. In: Mitteilungen zu wissenschaftlich-ökonomischen Untersuchungen, 57, S. 42.

Schunk, W. (2017): WOIS-Systemmodell. Interview mit Gunther Herr.

Stephan, M. (2012): Methoden im Innovationsmanagement. In: Achatz, R., Braun, M.Sommerlatte, T.: Lexikon: Technologie- und Innovationsmanagement. Düsseldorf: Symposion Publishing.

Sutton, R. E. (2010): True leaders are also managers. https://hbr.org/2010/08/true-leaders-are-also-mangers (abgerufen am 3. Mai 2017).

Thiel, R. (2000): Die Allmählichkeit der Revolution. Blick in sieben Wissenschaften. Selbstorganisation sozialer Prozesse Band 6. Münster: LIT Verlag.

Tomash, E. (1990): The U.S. Computer Printer Industry. Deuxième Colloque sur l'Histoire de l'Informatique en France. 2, S. 287 – 315. Paris: Conservatoire National des Arts et Métiers.

vbw — Vereinigung der Bayerischen Wirtschaft e.V. (Hrsg.) (2009): Bayerns Zukunftstechnologien. München: vbw — Vereinigung der Bayerischen Wirtschaft e.V.

Vittoratos, C., Schüler, M. (2012): Wigomat — eine Hommage an die erste Filterkaffeemaschine der Welt. http://wigomat.de/wigomat1a.html (abgerufen am 23. Februar 2016).

Watkins, A. (2013): Coherence. The Secret Science of Brilliant Leadership. London: Kogan Page Limited.

Weick, K. E. (1969): The social psychology of organizing. Reading, Mass.: Addison-Wesley Pub. Co.

Weick, K. E. (1985): Der Prozeß des Organisierens. (dt. Übers.) Frankfurt: Suhrkamp Verlag.

Welsch, C. (2010): Organisationale Trägheit und ihre Wirkung auf die strategische Früherkennung von Unternehmenskrisen. Wiesbaden: Gabler/GWV Fachverlage GmbH.

Werner, G. W., Dellbrügger, P. (2013): Wozu Führung?: Dimensionen einer Kunst. Karlsruhe: KIT Scientific Publishing.

Wikipedia. (2017): Haus vom Nikolaus. https://de.wikipedia.org/wiki/Haus_vom_Nikolaus (abgerufen am 16. Juni 2017).